빈 악보를 물고 오는 불새

빈 악보를 물고 오는 불새

초판 1쇄 인쇄 | 2024년 02월 15일
지은이 | 이영자
펴낸이 | 이재욱(필명:이승훈)
펴낸곳 | 해드림출판사
주 소 | 서울 영등포구 경인로82길 3-4(문래동1가 39)
　　　　센터플러스빌딩 1004호(07371)
전 화 | 02-2612-5552
팩 스 | 02-2688-5568
E-mail | jlee5059@hanmail.net

등록번호　제2013-000076
등록일자　2008년 9월 29일

ISBN　979-11-5634-578-7

빈 악보를 물고 오는 불새

이영자 지음

해드림출판사

책머리에

    윤재천 "수필 교실"에서 십오륙 년을 개근하며 스승이 연로하여 은퇴하셨어도 그 자리에 지금도 축복이 가득해 앉아 있다.
    마음을 가득 담아 쏟아내는 모든 예술은 뼈를 깎는 고통을 함께 했어도 보람이고 행복이고 삶의 목적이었다.

    오늘 어설픈 아흔 넘은 영혼이 깃든 이 책은 내가 걸어온 인생의 담담하면서도 뜨겁게 쏟아낸 삶의 발자취이다.

    내 인생 "가르침의 자리" 떠나 "배움의 자리"에서 삶의 철학을 심어 준 스승, 가족, 동지, 제자… 의지했던 세월의 사랑에 뜨거운 감사의 인사드리고 싶다.

서문

이영자 교수의 이 책은 한 작곡가의 음악적 편력을 돌아본 진솔한 회상의 랩소디이다. 초등학교 시절 일인 음악 교사에게 피아노 악보 읽기와 노래를 배우면서 음악의 세계로 빠져들어 간 이후, 1950년 음악대학에 진학하게 된다.

생사를 모르는 가족과의 생이별을 석 달 동안 버티어 낸 참을성과 끈기를 가지고 "순수하고 순정적인 영혼의 소유자만이 할 수 있는 고된 밀실 작업"을 일관되게 지속하였다. 대학원 졸업 발표회에 임해서 작곡한 바이올린 소나타는 1956년 중앙방송을 통해 전곡이 전파를 타게 된다.

이 첫 작품 이후 나운영 탄생 100주년 기념음악회에서 발표된 최근작에 이르기까지 "절실함을 아는 사람만이 예술 창작 음악을 할 수 있다"라는 선구적 작곡가의 지론을 구현해 보여주고 있다.

작곡가의 고독을 "나의 음악은 200년 후에도 이해하기 어려울 것이다"라고 한 스승 올리비에 메시앙의 말에 의지해서 감내해 온 것이다.

개인사와 사회사가 만나는 접점에 역사적 진실이 있다는 것을 인정한다면 까마득한 90대 고령의 총기로 빚어낸 이 책은 현대사 혹은 한국음악사의 자료로도 의미 있는 책이 될 것이다.

대한민국 예술원 회원 유종호

차례

책머리에　5
서문　6

제1부　들리지도 보이지도 않는 음악

들리지도 보이지도 않는 음악　　　　　　　　14
나는 무엇으로 살았는가　　　　　　　　　　18
아흔 살의 반란　　　　　　　　　　　　　　21
귀차니즘에 부쳐　　　　　　　　　　　　　24
1989년 4월 어느 날의 일기　　　　　　　　26
파리 타령　　　　　　　　　　　　　　　　29
정복할 수 없는 예술의 고통　　　　　　　　32

제2부　아포리즘

음악은…　　　　　　　　　　　　　　　　38
내겐 슬픈 부활절　　　　　　　　　　　　　39
개미　　　　　　　　　　　　　　　　　　41
무제 I　　　　　　　　　　　　　　　　　43
무제 II　　　　　　　　　　　　　　　　　45
나의 음악 노트　　　　　　　　　　　　　　47
달팽이 한 마리　　　　　　　　　　　　　　48

제3부　현대음악의 뒤안길에서

현대음악의 뒤안길에서　　　　　　　　　　52
여성과 창작 음악　　　　　　　　　　　　　60
내 유년의 노래　　　　　　　　　　　　　　66

소녀의 기도	73
파리 새벽 4시, 음악이 깨운 정신	76
故 나운영 교수 탄생 100주년 기념 음악회	81
존타의 만남과 회고	83
내 생애의 둥지는 이화	89
제자들의 이야기	92
뉴질랜드의 Asia-Pacific Festival에 다녀오면서	96

제4부 버림의 철학

빈 악보를 물고 가는 새	106
롱비치 겨울 바닷가에서	111
파리에서 부치지 않은 편지	115
내가 사랑하는 사람	121
슬픈 분노	125
회상	128
버림의 철학	133

제5부 아련한 추억 속으로

아련한 추억 속으로	138
어느 날의 대박	141
전쟁의 한 복판에서 뮤즈를 만나다	144
어머니의 노래	149
시속 85킬로 타고 거북이는 간다	151
진풍경을 보았네	156
김남조 선생님께	158
어머니 가신지 스무 해 지나고…	161
나의 음악 어법語法, 나의 작곡 탐구	163

2011 San Francisco 음악회 인터뷰	177
나의 이화 회고	184

제6부   멀리 있는 연인에게-보낸 편지

임원식 선생님께	197
김남조 선생님	200
김남조 선생님께	202
유종호 회장님께	203
효신에게	205
효신!	210
효신! Happy New year	214
2013, 세모에	217
혜리에게	220
Chère Mme Eicher 옥순	228
Y 교수께	230
난이에게	231
Grace에게	234
혜리에게	236
사랑하는 제자들에게	237
성희에게	239
아저씨	242

제7부   사랑 가득, 그 아름다운 이야기-받은 편지

여보	248
엄마	249
英子先生	250
이영자 교수님께	252

안녕하세요	254
그동안 안녕하셨습니까?	255
이영자 선생님	256
선생님 보세요	258
존경하는 이영자 선생님	260
이영자 선생님께	262
이영자 선생님께	264
존경하는 이영자 은사님, 제자 박준상입니다	266
사랑하고 존경하는 아빠♥엄마!	268
하늘은 주님 영광 나타내고	270
하느님은 사랑이십니다	274
이교수님께	277
사랑하는 아빠, 엄마께	279
Très Chère Madame Han	282
偉犬하신 李英子 教授님	284
사랑하는 할머니, 할아버지께♥	286
사랑하는 할아버지, 할머니께	287
이영자와 나효신 음악의 밤에	288

제8부 축사

한국여성작곡가회 창립 40주년 회고에 부쳐	296
뉴 뮤직 디딤	298
작곡동인 델로스Delos의 30주년에 사랑을 더하며	300
2022, 창작음악축제를 축하하며	302

제1부
들리지도 보이지도 않는 음악

들리지도 보이지도 않는 음악

　내가 불혹의 언덕을 시행착오를 거듭하며 달리던 1960년대 말이었다. 지금처럼 공연장도 많지 않았고 음악회가 홍수처럼 범람하지도 않았다. 그런 어느 날, 꼭 가야 하는 현대창작음악 연주회에 갔다가 황당한 경험을 했다. 순서대로 한 피아니스트가 악보를 들고 무대에 나와 인사하고 피아노 앞에 앉았다.
　연주자는 기도하듯 잠시 쉬었다가 시작하듯 건반에 손을 얹었다 움직였다. 아무 소리도 들리지 않았다. 그냥 앉아 있었다. 침묵의 몇 분이 지난 뒤, 다 쳤다는 듯 일어나서 청중을 향해 공손히 인사하고 퇴장했다. 음악이 들려오기를 기다렸던 나는 가슴의 고동이 멎은 듯 불안하고 의아하고 초조함에 빠졌다가 '아니! 저게 뭐야? 갑자기 몸에 경련이 왔나, 아니면 미쳤나, 음악은 소리로 나오는데 침묵이라니' 언짢은 마음에 화도 나고 불쾌했다. 프로그램은 피아노 독주 〈4분 33초〉라고 적혀있다. 그때의 당황했던 느낌이 - 그로부터 반세기 가까운 세월이 지난 지금까지도 이따금 나를 생각에 잠기게 해주어 혼자 씁쓰레 웃곤 한다. 그 음악은 미국의 현대 작곡가

존 케이지(John Cage, 1912~1992)의 1952년 그의 나이 40세 때 쓴 피아노 독주곡 〈4분 33초〉라는 작품이다.

1945년 2차 세계대전 이후 세계에 불어 닥친 아방 가르드Avant-Garde 바람으로 음악의 새로움이 여러 형태의 실험으로 쏟아지고 있었다. 우리나라에서도 1960년대 후반부터 새로운 실험적 음악이 만들어지고 초연되기 시작했다. 내가 1958년 파리에 유학 가서 눈과 귀와 몸 전체가 허공에서 방황하며 받은 충격은 현실감 없는 시공에 떠 있는 얼빠진 목석같았다.

일 년 뒤인 1959년 국제현대음악제ISCM 축제가 독일의 바덴바덴에서 열려 참관했다. 그때 세계에서 모인 현대음악제에서 많은 것을 보고 들었다. 너무나 생소한 경험이었고 나와는 거리가 먼 실험적 행위예술이었다. 그 당시 독일에선 스톡하우젠(Stockhausen, 1928~2007), 프랑스에선 삐에르 불레즈(Pierre Boulez, 1925~2016), 미국에선 존 케이지가 대표적 작곡가였다.

그 시절 내게는 충격적인 경험이었다. 현대음악기법을 공부하고 귀국하더라도 나는 그런 실험적 음악에 종사하리라곤 생각하지 않았다. 나는 전통을 반석처럼 다진 뒤에 나의 정체성과 시대성이 깃든 음악으로 인류에게 봉사하고 싶고, 아름다운 음악으로 맥을 잇고 싶었다. 하나의 과도기적 행위예술 실험을 경험했을 뿐이다.

내가 〈4분 33초〉를 경험한 1969년 이후에 서울에서도 실험적 현대창작음악회는 있었다. 어느 날 프로그램에선 옛날 시골 농가의 커다란 가마솥을 무대에 올려놓고 그 옆에 목탁을 두드리는 승려 세 사람과 놋주걱으로 가마솥 누룽지 긁는 소리와 목탁 소리, 리듬

만으로, 〈향연〉이라 이름 붙여 놓았다. 어느 날은 커다란 플라스틱 통에 마른 흰콩을 담고 나와, 국자로 콩을 떠서 무대에 붓는 행위, 풍선을 무대 가득 쌓아놓고 송곳으로 천천히 찌르면 느린 리듬, 빠르게 찌르면 빨라지는 리듬의 변화를 전위음악이라 했다. 다듬이 몇 대를 무대에 놓고 여인들이 나와 혼자서, 둘이서, 셋이서 동시에 두드리는 음악 아닌 해프닝 같은 음악회. 행위 음악이 우연성, 순간적 음악과 합하여 시도된 때가 있었다. 음악회가 끝나고 돌아갈 때의 씁쓸했던, 과연 음악音樂인가 음악音惡인가 하며 하늘의 별을 보며 혼자 울부짖던 때도 있었다.

지금은 아득한 피안의 추억이 되었다. 그러나 그때 존 케이지의 〈4분 33초〉는 처음에는 충격으로, 인생의 희로애락을 쌓으면서 차츰 내 영혼 속으로 녹아 나를 치유해주었다. 그 침묵 속은 무궁무진한 소리의 향연이었고 끝없는 영감과 치유의 보고였다.

지난해 정월, 이월을 프랑스에 체류하던 어느 날 책방을 산책하다가 나는 우연 아니게 존 케이지가 쓴 50쪽은 영어, 50쪽은 불어로 된 《한 작곡가의 고백》이라는 100쪽 정도의 작은 책자를 발견했다. 그 책은 존 케이지가 어느 작곡 세미나에서 발표한 그의 고백서였다. 읽으면서 나는 그의 모든 것을 이해하고 그가 나와 많은 것을 공유하고 있음을 느꼈다. 1969년 그 〈4분 33초〉 이후 반세기 가까운 세월을 내 나름으로 찾은 회답이 그와 동일하다는 걸 느꼈을 때 눈물 흘리며 감사했다. 내가 겪은 창작의 고통을 공유하고 있다는 것. 예를 들어 피아노도 없던 어린 시절, 음악이 좋아 부모의 반대도 무릅쓰고 동네를 다니며 피아노를 배우고 야무진 꿈을 따라 파리로 가서 파리국립고등음악원에서 화성학, 대위법, 작곡기법을 공부하고 고향으로 돌아가 생활을 위해 교수가 되고, 현대음악으로 평생 새로움을 찾고, 또한 절대음감 없는 것도 나와 같았다. 내가 그와 19년 아래로 같은 길을 걸었다는 게 너무 좋았다.

뜨거운 열정으로 실험 음악의 새로움을 추구하며 산 것이 나에겐 큰 위로였다. 그가 말했다. "나의 침묵의 〈4분 33초〉는 방황하는 현대 인간의 정신적 안정과 평화와 치유를 위한 침묵의 기도를 4분 33초에 담았다"라고. 침묵의 휴식! 이 얼마나 아름답고 무한한 감동인가.

나는 이따금 생각한다. 새로움을 찾아 번뇌하는 영혼의 임자는 '사이코'이다. 미치지 않고는 깊고 참된 예술가는 안 된다는 걸 이 노년에 와서 터득해가는 미련함에 행복하고 감사할 뿐이다.

나는 무엇으로 살았는가

 붉은 원숭이해를 맞으며 나는 여든다섯을 넘겼다. 참 오래 살았다고 끄덕이며 크게 숨 쉰다. 이제부터는 욕심 버리고 꿈도 접고 하늘이 주신 덤의 삶으로 받은 사랑에 감사하며 베풀며 살고 싶다.
 대문호 톨스토이의 단편 '사람은 무엇으로 사는가'에서 전한 하나님의 은총 안에서 사랑으로 함께 가는 것이 옛날부터 내겐 좌우명이었다. 일제강점기 우리 말도 문화도 빼앗기고 강원도 벽촌 평창에서 초등학교를 마쳤다.《메밀꽃 필 무렵》의 작가 이효석이 나와 초등학교 동문이고, 춘천여고 시절에는 작가 김유정의 고향이라고 되뇌며 혼자 마음속으로 문학의 꿈을 가졌었다.
 열 살 때 춘천초등학교에서 강제로 뽑혀 학교 피아노로 시작한 음악이 먼 훗날 음악의 길로 가리라곤 생각지도 못했다. 여자가 무슨 대학이냐 하던 시절 독학으로 공부해 음악대학에 입학했다. 한 달 공부하고 6·25 한국 전쟁을 맞고 분에 넘치는 화려한 행복은 산산조각이 났고 그때부터 96일 동안 지옥의 바닥에서 굶으면서 피붙이를 찾아 헤매던 어느 순간, 죽지 않고 살아남는다면 나는 무엇을 하며 살까 생각하는데 섬광 같은 영감이 명령했다. 순수 창작 음악, 영혼을 쏟아 낸 음악을 만들라고….

그때 음악의 여신이 내게로 왔다. 9·28 서울 수복이 지나 가족을 찾고 그때부터 음악에 빠졌다. 1·4 후퇴로 부산의 피난 시절 인민군이 다시 쳐들어오고 대학도 문 닫았을 때 오선지도 없어 갱지를 사서 접고 또 접어 부엌칼로 자르고 다섯 줄을 그어 가며 음악 공부로 싸웠다. 어느 날 부산, 영주동 고갯마루에 걸린 현수막 "나운영 작곡 교실"을 보고 몽유병자처럼 달려갔다. 목마른 음악의 길, 시든 잎이 샘물을 만난 듯 빠졌다. 8년 동안 맹렬한 공부로 대학, 대학원을 마치고 두 번의 작곡발표회도 열었다. 전쟁으로 파괴된 서울에서 드문 일이었다.

어느 날 나운영 교수가 엄숙하게 명령하셨다. "세계 현대음악의 물결이 동양에도 바람 불어오니 세계 예술의 본고장 프랑스에 유학 갔다가 오십시오."라고. 여의도 간이 비행장에 나오셔서 비장하게 말씀하셨다. "첫째는 민족성으로, 둘째는 음악의 시대성을, 셋째는 영혼을 쏟아 삶의 희로애락을 아름다운 노래로 만들라." 하셨다. 나는 불가능을 가능으로 바꾸듯 1958년 여름, 꿈도 못 꾸던 음악 공부를 하려고 파리로 갔다.

인생은 태어나서 누구를 어떻게 만나느냐가 중요하다. 나는 프랑스에서 세계음악의 거장을 만나 열정적으로 공부하고 음악의 진수, 미학, 철학과 싸우듯이 공부했다. 하루 12시간도 넘게 부동으로 앉아 음악을 듣고, 읽고, 느끼고, 쓰고 음악을 먹었다.

밤에서 낮으로, 낮에서 밤으로 쓰다 버린 오선지를 밟고 깔고 내 영혼이 날아갈까 두려워 이불처럼 덮고 잤다. 음의 군들이 보일 듯이 안 보이고 들렸다가 사라지고 잡으려면 시공으로 흩어지는 경험을 하며 '음악은 아무나 하는 것이 아닌데, 천재만이 할 수 있는데'를 연발하며 그 수렁 안을 모르면서 나는 한 마리 달팽이처럼 가고 있었다.

세월이 흐르고 스승으로서 교단에 섰고 외교관 남편을 만난 행운으로 세계가 좁다고 다녔다. 낯선 나라들의 문화와 종교는 달랐으나 인간성의 본질은 어느 곳에서나 사랑으로 공통된다는 진리도 터득했다.

1976년부터 만 4년을 지구촌 끝 같은 서아프리카 코트디부아르 Côte d'Ivoire에 발령이 나서 살았다. 내 나라를 위한 특명이어서 열심히 노력했지만, 나의 삶으로는 슬픈 시절이었다. 그들의 미발전 문화가 "북 치기"로 있을 뿐 먹고 살기엔 척박하고 후진 나라였다. 매일 사방에서 들려오는 북 장단에 귀를 막았다. 어디서 베토벤이라도 한 조각 들려오기를 얼마나 염원했는지…. 우기에는 밤에 침실 천장에 기어 다니는 도마뱀 행렬에 괴로웠다.

해마다 성탄절에는 딸들하고 배꼽 보이는 비키니 입고 성탄 노래 부르며 울고 웃고 했다. 그땐 정말 슬픈 계절이라 생각했는데 1980년 그곳을 떠나 온 뒤 그 세월에 음악은 없었어도 그곳에 살았기에 얻은 행복이 밀려오는데 나도 놀랐다.

나는 무엇으로 살았는가. 외교관 내자의 임무를 했던 야무진 추억, 내 정체성으로 행복했다. 반세기 만에 우뚝 선 내 나라의 민족성을 자랑하고 싶다. 불가능도 가능하다는 자부심이다. 나는 지금 올가을에 초연할 음악을 만들고 있다. 열과 정을 다한 음악이 고달픈 지구촌에 치유의 단비로 내리길 소망한다.

아흔 살의 반란

　원고 청탁의 제목이 "가장 버리고 싶은 것"이었다. 초봄 어느 날 그 제목을 받고 일주일 보름 한 달이 가도록 가슴이 뭉클하고 떨리는 진동이 부담이었다. 가진 게 있어야 버릴 것이 있지. 많다면 많고 없다면 없다. 형이상학적 철학적 고민이다. 역설적으로 공격적으로 덤비고 싶은 커다란 바위에 눌린 듯 중압감에 시달렸다. 내가 무엇을 가졌는가. 구름에 달 가듯이 내 손에 잡히지 않는 아흔 살의 긴 세월 이야기, 감사와 고마움과 축복으로 기도할 땐 참회의 눈물이 강물처럼 흐르는데….

　한때 1950년 한국 전쟁의 한 복판에서 홀로 투명한 유리 벽 속에 갇힌 것처럼 집도 절도 없이 땅 위를 정처 없이 헤매던 6·25에서 9·28의 96일이 기억난다. 이름 석 자만 내 것이었다. 몸을 가리는 속옷 하나, 까만 광목 치마에 흰 광목 적삼, 까만 남자 고무신이 나의 전 재산이었다. 정처 없이 강원도를 구석구석 걸으며 가족 찾아 헤맸다. 공포와 함께 벽 속에 숨듯 숨 쉬며 해가 지면 숨을 곳 찾고, 해 뜨면 목적 없이 걷기만 하는 절망적인 시간들, 열아홉 청춘에 목숨이 질겨 살아남은 나에겐 죽은 시간 같은 공포였다. 그때 내 것이라고는 몸뚱이와 그 속에 깃든 영혼뿐이었는데 내 손은 언제나 비어있었고 그냥 몸만 걸으면 됐다.

다시 춘천에서 사흘 걸어 9월 28일 종로 네거리에서 UN군 맞으며 만세 부를 때 그 질긴 목숨의 원천이 무엇인가를 생각했다. 젊음과 삶의 강력한 도전과 신념의 승리였다. 내 몸속에 꽉 차 있는 영혼의 힘이 거대한 바다처럼 나를 받치고 있는 것이 감격과 감동이었다. 그 석 달의 내 곁에는 가진 것이 아무것도 없었다. 있다면 지독하게 강렬한 삶을 향한 투쟁과 승리의 땀에 찌든 내 몰골에서 발산하는 몸 향기였다.

그때부터 나는 갖기 시작했다. 한국 전쟁에서 겪은 고통으로 반석을 세우고 그 작은 수많은 이야기로 벽돌 만들어 작은 나만의 음악의 성을 지었다. 바다 건너가 음악 공부하고 돌아와 교직에 몸담고 외교관 남편 따라 세 딸을 끼고 세계를 돌고 배우며 축복받은 삶도 넘치도록 잘 살았다. "인생은 아름다워"라는 영화처럼 충만하고 분에 넘치는 복덩이처럼 살았다. 젊었을 때 꿈도 모두 이루었다. 삶의 희로애락을 만끽하고 고마움에 감사할 줄 아는 아흔 살 보은의 사랑이 남아있다.

내가 사랑하는, 나를 사랑해준 많은 인연들이 아흔 살 내 곁을 제치고 떠나가는 사랑 때문에 요즘도 나는 웃다가 울다가 넘어지다가 하면서 또 운다. 누가 나에게 지구 덩어리만큼 큰 축복과 사랑을 주었는가 감동의 전율을 어떻게 버릴 수 있을까.

유리 벽에 갇혔던 청춘의 영혼 하나로 황홀한 삶의 모든 것을 이루고 맞이한 아흔 살인데 나는 아무것도 버릴 것이 없다고 단호하게 말하련다. 코로나 19 마스크로 코 막고 입 막고 살아도 행복한 개똥밭 철학, 은총으로 감사할 뿐이다.

아흔 살은 빈 몸이다. 다시 유리 상자에 앉아 있어도 좋다. 그 상자 위에 내가 만든 음악들이 시공을 나르며 노래하고 내가 사랑하는 모든 인연의 영혼에도 안식을 주리라 믿는다.

어느 날 하느님이 나를 부르실 때 아낌없이 서슴없이 갖고 있던 모든 것 그냥 그 자리에 놔두고 광목 치마 적삼 입고 내 소중한 영혼 안고 이 좋은 개똥밭 떠나가련다. 하늘 기슭까지 내가 만든 사랑의 찬가들이 함께 해주리라 믿으며….

귀차니즘에 부쳐

 오월 말에 넘겨야 할 작곡이 어제 끝났다. 오월은 아직 나흘 남았는데, 나에게는 오랫동안 봄꽃 한 송이 마음 놓고 바라볼 수 없었던 칩거의 힘들고 잔인한 달이었다.
 수필 청탁 "귀차니즘" 원고 마감이 이미 열흘이나 지나있었고 그 때문에 가슴이 무겁고 죄도 없는데 마음 가득 회색 구름이 내려앉은 것 같아 씁쓰레했다.
 두 가지 일을 동시에 할 능력이 내겐 없는데 귀찮다 귀찮다를 연발하면서 시간은 갔다. 사실 내 전문인 음악 만들기가 더 힘들었다. 석 달 동안 다섯 줄 위에 내 마음 쏟아내기가 고통스러웠지만, 노년의 정열과 뿌듯한 희열의 소망으로 솟구치는 황홀한 힘의 분출이었다.
 오늘의 내가 음악으로 서 있는 자리로 이끌어 주신 스승의 "탄생 백 주년" 음악회에서 〈아름다운 헌정〉이라는 제목으로 세계초연되어 슬픈 이들에게 위안과 안식이 되기를 염원한다.

 남편과 나는 아흔두 살 동갑이다. 두 노인이 60년 넘게 서로 기대며 남은 날을 살고 있다. 몸도 둔하고 머리도 어눌하다. 오순도순 남은 날 살아가는데 매일 "아이고 힘들어", 연발하며 병원을 끼고 산다. 청소부, 도우미는 내 몫이고 괴나리봇짐 등에 업고 거북이처럼 느리게 느리게 사람 냄새 늙은이 냄새 풍기면서 산다. 모든 게 귀찮다 귀찮다 하면서, 오늘은 또 무엇을 만들어 먹지! 하며 장 보러 간다. 정말로 귀찮은 것은 매일 하루 세 번 살기 위해 먹어야 하는 것. 귀찮다 하면서 만들어 먹고 날이 가고 달이 가고 해가 간다.

그래도 나는 아침에 2시간, 점심 먹고 2시간, 저녁 후엔 3시간, 하루 6, 7시간 내 골방 작업실에서 음악을 만든다. 아직도 써야 할 음악이 즐비하게 적혀있다. 노익장의 과욕이라 해도 그 작업이 나의 목숨을 연장 해주는 것 같다. 우리 둘 밥 먹는 것 귀찮다 해도 좀 더 살아서 좋은 음악 한편 더 쓰고 싶은 노망 같은 소원을 위해 귀찮아도 나를 위해 "잘 먹자" 정성스레 만든다.

남편은 10년 넘게 설거지와 부엌 청소 담당이다. 음식 만들기에 급해 바닥에 흩어진 음식 재료 거두기와 냄비, 밥그릇 등 아무렇게나 던져버린 내 뒷정리 말끔히 하고 가스레인지를 반짝반짝 닦는다. 저녁에 또 일한다고 그릇만 씻으라 해도 집마다 부뚜막이 제일 깨끗해야 한다며 옛날에 어머니가 무쇠솥을 반짝거리게 닦는 모습이 좋았다고 그래서 우리 부엌은 남편 덕에 반짝이고 깨끗하다.

60년 넘게 내 솜씨에 길든 남편 밥 만들기에 입으로는 "귀찮다"를 연발해도 아름다운 아낙네 모습으로 살고 싶다. 음악의 내 밀실 작업에는 "귀찮다"라는 있을 수 없고 행복하고 황홀한 희열의 힘에 끝없는 고마움을 하느님께 고백하고 참회하며 가련다.

1989년 4월 어느 날의 일기

해마다 4월이 오면 교향악축제로 전국의 교향악단이 서울의 예술의전당에서 음악잔치를 한다. 내게는 꽃보다 더 아름답고 금덩어리보다 소중하고 보람 있는 큰 문화 축제다. 한 달 내내 그들이 실속 있게 짠 음악축제에서 볼거리도 삶의 정신수양에도 좋을 것 같아 가슴 속으로 대한민국 만세를 부르고 싶은 마음이다. 1948년 건국 이래 큰 발전이다. 그 옛날엔 고려교향악단이 유일하게 있었다는 이야기를 들은 적이 있다. 그로부터 30여 년 뒤에 우리나라 전 지역에서 관현악단이 만들어져 오늘에 이르렀으니 감사할 일이다. 경상도에서, 충청도에서 전국적으로 4월에는 대원정으로 화려하게 참가해서 음악전공인 나는 특별한 감회에 감격하기도 한다.

이번 4월 12일은 내 고향 강원도 춘천의 시립관현악단 연주 날이다. 그날 나는 남편과 딸과 셋이서 갔다. 삼천석 가까이 되는데 지방 교향악단인데 얼마나 올까 불안한 마음으로 매표소에 표 3매를 사러 갔다. 뜻밖에도 표는 다 나가고 10표 정도가 남았는데 그것도 석 장 붙은 자리는 없고 둘 붙은 자리도 없고 짝퉁 같은 흩어진 자리뿐이었다. 정말 놀랐다. 삼천석 가까이 될 텐데 표가 다 나가고 없다니, 표가 다 팔렸으면 비용도 벌 수 있겠다 싶었다. 내가 산 표는 1층의 D석 하나는 남편이 앉고, B석의 맨 구석에 내가 앉고, 딸은 2층으로 올라갔다. 셋이 산산이 흩어져 앉았지만, 표가 다 매진이라 기분은 너무 좋았다. 지방에서 기차 타고 버스 타고 왔을 테니까 그들에게 재정적 도움이 되지 않을까 하여 혼자 좋아했다. 마음이 뿌듯했다. 더구나 강원도의 시립교향악단 연주를 들으러 왔으니 얼마나 고마운지 눈시울이 젖으며 생각에 잠겼다.

첫 번째 프로는 브람스의 비극 서곡이 연주됐다. 당당하고 힘차고 내 고향 강원도의 정기가 브람스의 무거운 정서와도 어울리고 좋았다. 내가 청춘에 많이 좋아했던 작곡가이다. 서곡이 끝나고 두 번째는 J. 시벨리우스의 바이올린 협주곡이었다. 협연자는 젊고 실력 있는 좋은 연주자였다. 외국에서 공부도 많이 하고 귀국한 여성이었다. 독주자와 관현악단과의 호흡도 잘 맞고 정열적 음악 표현이 아주 좋았으나 여성이기에 남성이 뿜어내는 불덩어리 같은 표현에선 좀 약한 듯 내 가슴 속 찌르는 뜨거움은 내게 다가오지 않아 좀 아쉬웠다.

문득 아득한 40여 년 전 옛날 생각에 가슴 뭉클했다. 아마 1956년이었을 것 같다. 그때는 한국 전쟁으로 서울이 폐허처럼 되고 복구에 한참 애쓰던 우리는 음악 이전에 목숨 살리기에 처절했다. 음악의 활성화도 무디던 때 국립, 시립 교향악단 두 개 있을 뿐이었다. 그 와중에 국립교향악단 연주회에 시벨리우스 바이올린 협주곡이 한국 초연되었다. 대학원 학생인 나는 처음으로 그 음악의 실연을 듣고 감동 이상의 전율에 휩싸였다.

1950년 한국 전쟁 때 북에서 남으로 넘어온 20대 후반의 청년이 돌연 나타나 국립교향악단과 시벨리우스의 바이올린 협주곡을 한국 초연했으니까. 그 미지의 청년, 내가 신동 같이 느꼈던 그의 시벨리우스 연주를 잊지 못해 그다음 해 1956년 나는 바이올린 소나타 3악장을 작곡해서 그에게 초연을 부탁했다. 그의 이름은 "신상철"이었다. 나의 어설픈 습작 시절의 작품《바이올린 소나타 1955》그 음악은 지금까지도 나의 작곡 목록 1호로 내 곁에 빛처럼 존재하고 있다. 명동 국립극장에서 초연하던 날 그는 악보를 외워서 전 3악장을 연주했다. 본래 소나타는 둘이 함께 악보를 보고 합주하는데 외워서 전 악장을 하다니 기적 같고 경이로웠다. 내 생애에 잊을 수 없는 화려하고 성공적인 날이었다. 소나타는 암보 아닌 악보 펴놓고 하는 법인데, 경이로운 보석 같은 아름다움의 결정체 소나타였다.

  4월 내 고향의 교향악축제 시벨리우스와 브람스의 박력과 기교 넘치는 그 연주 속에서 나는 전쟁의 한복판을 관통해 온 굶주림과 고통을 겪으며 진정한 예술혼을 더 깊이 사색하는 공부를 했다.

  공연이 끝나고 2층의 딸과 아래층 구석으로 헤어져 앉은 남편 동행자를 찾느라 고생 아닌 고생을 했다. 행복한 밤이었다.

파리 타령

나는 겨울이 좋다. 그것도 매우 추운, 거리에 나가면 내 볼을 바늘로 찌르듯 그렇게 추운 날이 좋다. 겨울은 내게 총기와 행복을 준다. 내가 생각하는 일들이 쉽게 잘 영글어 가는 계절이다. 더구나 그 겨울에 프랑스 파리에서 숨 쉬게 되면 이건 환희다. 경이로운 행복의 절정이다.

Paris는 내 영혼의 고향이다. Paris에는 내가 싫어하는 뜨거운 여름이 없다. 짧게 지나간다.

태양이 뜨겁게 뜨는 날은 모든 파리지앵이 수영복 들고 Seine 강가에 앉아 보석보다 더 비싼 햇빛을 만끽하며 쪼이고 있다. vacances를 꼭 가야 한다는 이유가 태양이 뜨거운 곳을 찾아 닷새, 1주일이라도 갔다 오지 않으면 몸에 곰팡이가 핀단다. 그들은 겨울나기를 힘겨워한다.

나는 언제부턴가 겨울이 오면 마음 설레고 Paris로 가려고 애쓴다. 아예 가서 죽을 때까지 살고 싶지만 그건 나의 정체성을 잃게 되니까 불가능하고 격년에라도 다니러 가려고 애를 쓴다.

어느 해는 Paris 간다고 비행기 표 사놓고 1주일 남았을 때 미끄러져 척추뼈를 다쳐 못 갔다. 여행사에 벌금처럼 적잖은 돈을 빼앗기고, 올해는 남편이 다쳐 또 못 갔다.

반세기 전 공부하던 곳에 다시 가는 것은 추억 때문에, 추억 만들기로 가는 것이 아니고 내 새로운 세계의 시대사조를 배우고 와야 하는 목적이 있다. 내 삶의 사는 목적이다. 짧으면 3주일, 한 달, 어느 해는 두 달 다녀온다. Paris처럼 눈으로 보고, 먹고, 입고, 그저 평범한 생활이 감당 못 할 만큼의 새로움을 준다. 아침에 눈 뜨면 차 만들기도 구차하고 싫다. 이 세상에 더없이 아름다운 예술만으로 가득 찬 Paris에 갇혀 있다니! 황홀한, 폐쇄된 고독이다.

Café에 앉아 Croissant 하나, 어느 날은 Tartine 한쪽에 Café마시는 것, 서울처럼 리필도 없다. 마시고 나면 무작정 걷는다. 길목마다 보는 모든 것이 예술이다. 나는 Seine 강 왼쪽 Rive gauche에서 자던, 강 오른쪽 Rive droite에서 자던, 가장 많은 시간 혼자 공부하는 곳이 Luxembourg공원이다.

그곳엔 George Sand(1804~1876)의 제비 똥을 모자로 쓰고 dress 입은 동상이 나를 반겨준다. 그녀는 소설을 써도 그 시대에 여성이라고 출판사마다 책 내주기를 거부해서 남성 이름인 George를 쓰고 남장을 하고 살았다.

남성적인 성격인 그와 여성적인 성격의 Chopin과의 사랑 이야기도 애절하다. 근 10년을 Sand는 연상이면서 Chopin의 음악과 사랑을 위해 희생적으로 살았다. 불규칙적인 수입은 늘 공허와 공포까지도 안겨 주었다.

나의 20대에서 오늘날까지 나는 Sand와 Chopin을 찾아간다. 추억이 아니고, 그들의 순수한 예술성을 조금이라도 영적으로 전수하고 싶은 마음이다.

겨울의 Luxembourg공원 높은 나무들이 가지만 앙상하다. 눈 오는 날은 하얗게 덮여도, 눈도 없는 날은 그냥 안개와 구름이 내려앉아 온통 회색으로 뒤덮여 있는 그 공원을 걷는 멋이 일품이다. 아름다움으로 묘사할 수 없는 묵직한 심연의 오랜 역사의 뒤안길에 겸허함이 있다. 그 실루엣Silhouette에 Parisienne들은 선홍의 밝은, 빨간 coat에 짙은 회색charcoal gray 바지를 입고 걸어가면 정말 이승 같지 않은 숭고한 낭만이 있다. 나는 그것이 좋아서 간다. 어쩌면 유치한 이유 같아도, 아니다. 내 음악의 원천은 Paris에서 온다. Paris에서 살면 겨울의 짜릿한 추위가 내게 영감을 샘물 솟듯이 준다.

Sand 동상 앞 벤치에 앉았다가 건너편 Café에 가서 샌드위치 한 쪽 먹고 강 건너 17구에 있는 Monseau 공원에 간다. 그곳에는 하얀 대리석으로 만든, Piano를 치고 있는 Chopin의 모습이 많은 사람의 사랑을 받고 있다. 한 세기가 지났어도 여전히 그 앞엔 낯선 사람들이 찾아들고 있다. 나도 그곳에 서서 "당신의 예술의 정기를 나에게도 나누어 주십시오" 하고 기도한다.

사랑도 행복도 번뇌도 모두 내 안에 있음이니 오래오래 기도할 것이다. 올해에는 5월에라도 다녀와야겠다. 5월 1일, 은방울꽃 Muguet 몇 송이 사 들고 사랑하는 사람 찾아가는 날인데, 나는 나의 동갑내기 옛 친구 Renée의 colombe에 있는 묘를 찾아보고 싶다.

정복할 수 없는 예술의 고통

Ⅰ. 무더위의 절정 8월 초에 받은《현대수필》95호는 내게 잔잔한 감동과 행복을 안겨주었다. 그리고 8년이라는 세월을 거슬러 2007년 봄으로 나를 끌고 갔다. 고희를 지난 내가 수필 공부로 찾아든 교실에서 고민하고 망설이며 초라한 자세로 가슴 졸일 때 선배들의 성숙한 사유 깊은 글은 나를 더 움츠리게 했다. 사색을 거쳐 글로 표현한 삶의 순박한, 때로는 처절한 이야기, 시공으로 달려가는 소리를 찾아 음악으로 표현하는 환상 같은 이야기의 틈바귀에 나는 고통으로 숨 쉬고 있었다.

내 창작 음악의 고통은 반세기를 더 지나왔어도 똑같은 척도로 그 자리에 그대로 버티고 있다. 정복할 수 없는 깊고 무거운 음악 예술의 끝은 종지부가 없으며 숨질 때까지 함께하는 단 하나의 내 처소이다. 내 음악의 진수에 빠져 몸부림치며 뒹굴어도 끝내 정복당하지 않는 고차원의 추상적이고 형이상학적 영혼의 수련장에서 고뇌할 뿐이다.

오선지와 원고지로 방황하던 그 무렵 글로 나를 달래주는 젊은 작가를 그때 만났다.

8년이 지난 올여름 95호 《현대수필》에서 다시 그를 만났다. 박양근 교수의 서평 "자아반영과 자아 일탈의 그림자" 작가 김희수의 힐링과 아방가르드Avant-Garde 에세이 서평이었다. 어떤 반감도 없이 행복으로 공감했다. 잊고 살았던 그때의 내 고뇌가 환희로 번지는 순간이었다. 그의 글을 읽으면 꼭 반세기를 더 지난 그 옛날 내 곁에 가까이 있었던 순수한 20대의 친구, 지금은 고인이 된 전혜린의 그림자와 향기와 에스프리esprit가 풍겨온다. 전혜린도 김희수도 태어날 때 하늘의 별에서 받은 "문학" 보자기에 싸여 태어난 사람이다.

그 서평 읽으면서 오랜만에 잔잔한 감동과 만끽하는 행복, 꺼져가는 잿빛 영혼에 불꽃 붙여주어서 감사했다. 박양근 교수께 거듭 고마운 인사 드리고 싶다. 순수한 예술의 사랑 담아 바람에 띄워 작가 김희수에게 보내고 싶다.

Ⅱ. 문학이 작곡보다 더 좋다고 생각하는 나의 이유는 작가의 서평이다. 작가의 글을 문학평론가들이 구절구절 분석하여 평해주는 것이 얼마나 좋은가. 글 속에 담겨있는 인간적인 성찰을 읽으면서 바로 독자의 뇌리에 쉽게 전달된다. 작가와 평론가, 작가와 독자는 일차적으로 직접적이다. 경우에 따라 이성적, 감성적 차이는 있을 수 있으나 사색의 뿌리는 하나로 귀결된다.

창작 음악, 작곡은 소리를 찾아 음악을 만들어 악보에 옮겨진 뒤에 연주라는 매체를 통해 청중에게 전달된다. 환상으로 쓴 음악을 2차 적 연주 후에 청중에게 전도되는 간접행위다. 음악 평론가들이 연주를 듣고 서평 쓰듯 쓸 수 있으나 귀에 들려온 음향일 뿐 작곡가의 깊은 내면의 철학적 성찰은 시공에 있으므로 불가능하다. 듣는 이에 따라 천차만별이고 느낌으로 번지는 가벼움이다. 슬픔에 잠긴 진혼곡이라도 전혀 슬픔 없는 낙관적 음악으로 전달될 수 있다. 음악 평론가가 직접 악보를 보고 분석한다 해도 그것은 작곡가의 영혼에서 나온 내용을 관통할 수 없다. 절대 불가능이다. 다만 문학적 묘사분석, 이론적 분석일 뿐이다. 작곡가의 영혼 분석은 다가갈 수 없는 신비의 세계다.

이 점이 문학 서평과 창작 음악의 평의 차이다. 문학은 눈과 머리로 와서 가슴으로 쓰며 직접적이고, 음악은 허공의 환상으로 간접적이다. 작곡이 한층 더 고차원의 예술이라는 생각을 하는 것이 허영일까.

내가 만든 음악은 잘 만든 음악이든 졸작이든 연주자를 통해야만 청중에게 전달된다. 작곡가와 연주가와 청중. 삼위일체로 이루어진다. 연주가 안 좋았을 때, 청중이 음악적 소양이 없을 때, 작곡도 음악적이지 않을 때, 작곡가에겐 공포이고 절망이다. 왜 음악 평론가는 문학평론가처럼 작품 위에 존재할 수 없는가. 안 되는가. 왜 작곡가의 심연을 파헤치는 학구적인 평론가는 안 나타나는가. 나의 평생의 고민이며 슬픔이다. 우리 창작계는 세계 음악사에 어느 지점에 서 있는가. 갈등으로 여기까지 왔다.

20세기의 거장 올리비에 메시앙(Olivier Messiaen, 1908~1982)은 강의 시간에 여러 번 말했다. "내 음악은 200년이 지나도 이해하기 어려울 것이다"라고. 그땐 나도 200년은 너무 길다고 생각했는데 남은 날이 점점 줄어드는 이 시점에선 스승의 말이 진리라고 동의

하게 된다. 나도 청중보다 적어도 20년, 30년 앞에 서 있다고 자부하고 싶다.

　나에게 문학적 수필 한 편 쓰는 것과 서정시로 예술가곡 한 편 만드는 것에서 어느 것이 쉽고, 어려울까? 자문해본다. 내겐 수필과 예술가곡을 하나의 저울에 달면 수평이 된다. 창작의 어려움과 희열은 똑같이 어렵다고 쌍둥이 별자리인 또 하나의 내가 나를 잡고 흔든다.

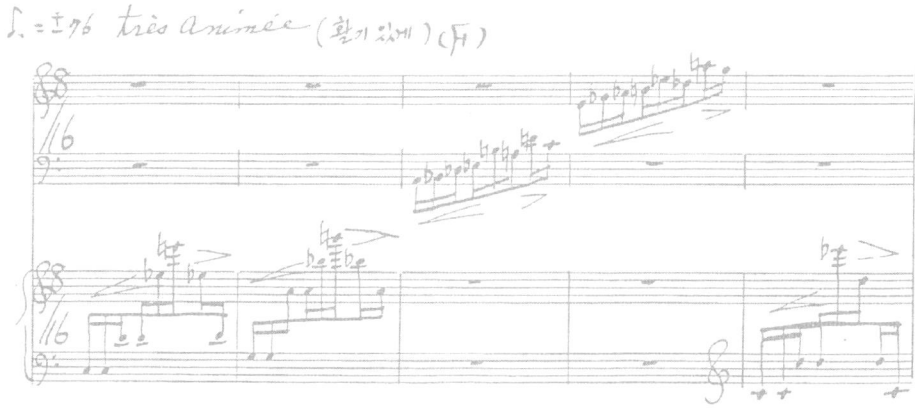

제2부
아포리즘

음악은…

　음악은 시공을 초월해서 그 어떤 소재, 기법으로 표현하더라도 아름다움의 미학을 가장 깊은 곳에 반석으로 두고 살아있는 영혼의 소리를 담는 것이다.

　수필도 음악도 내겐 웬수다. 음악에 발 넣고 여든 해, 작곡에 일흔 해, 노년에 수필에 겁 없이 덤비고 10년이 넘었다. 두 발이 기우뚱 휘청거린다. "백치 아다다" 모습이다. 그래도 웬수 속에 내가 있고, 내 안에 웬수가 빛으로 있다. 재 빛깔 내 영혼에 마지막 불을 붙여 웬수와 하나 되어 불구덩이로 간다.

　뜨겁다.
　축복이다.

내겐 슬픈 부활절

사월 초하루는 해마다 맞이하는 예수님의 부활절이다. 우리 가족은 성장하고 열시 부활미사 드리고 오랜만에 외식 예약도 했다. 미사를 마치고 성당 밖으로 많은 사람이 쏟아져 나오고 우리도 언제나처럼 행복한 마음으로 나왔다. 예년처럼 이십 년도 넘게 부활절 미사 보고 나와 성당 정원에 흰 천막치고 수녀회에서 진행하는 부활절 특별그림 계란 바구니를 골라서 사는 즐거움의 기대가 있었는데….

그날은 명동성당 정원에는 그림 그린 예쁜 부활절의 계란은 어느 곳에도 없었다. 웬일일까? 계란 값이 금값처럼 뛰었다 내렸다 했다더니 그 탓인가? 작은 계란에 그림 그리기가 힘들어서였을까? 이해가 가지 않았다. 내 방 예수님상 옆에, 열두 달 동안 함께 기도해주던 부활절 그림의 계란이 없다는 것은 처음 있는 일이다. 있어야 하는데 왜 없을까. 일 년 동안 나의 삶을 평온하게 지켜주는 작은 행복의 그림 계란이었는데….

순간 마음의 평정을 잃고 슬퍼지고, 가슴 한구석이 아려왔다. 점심 자리에서도 즐겁지도 맛있지도 않고 우울했다. 내년 부활절까지 기다리기로 마음을 정리했으나, 안쓰럽다. 계란에 그림 그리는 화가들은 다 어디로 갔을까.

이따금 생각한다. 음악을 인생의 업으로 하지 않았다면, 이 여든여덟의 삶의 풍파를 어떻게 견딜 수 있었을까. 집에 들어와 J. S. Bach의 〈부활절 오라트리오 BWV 249[1]〉를 크게 틀어놓고 누웠다. 가슴을 훑고 지나간 태풍 뒤, 내 마음의 평정을 찾으려고 그 긴 바흐의 음악에 빠져 눈시울 적시며 기도했다. 백치 아다다처럼. 나만의 치유법으로 음악을 들으며 살아온 날들에 감사했다.

주님! 평화를 주소서. 그리고 사랑하게 하소서.

---

1 오라트리오는 종교적 이야기를 담은 성극음악을 의미한다.

개미

머리에 모자를 쓴 18미터의 개미 한 마리….
있을 수 없지!

펭귄과 오리로 가득한 수레를 끌고 가는 개미 한 마리….
있을 수 없지!

프랑스어, 라틴어, 자바섬 말을 하는 개미 한 마리….
있을 수 없지….

La fourmi (Poésie / Robert Desnos 1900~1945)

Une fourmi de dix-huit mètres
Avec un chapeau sur la tête,
Ça n'existe pas, ça n'exist pas.

Une fourmi trainant un char Plein de pingouins et de canards,
Ça n'existe pas, ça n'exist pas.

Une fourmi parlant français,
Parlant latin et javanais,
Ça n'existe pas, ça n'exist pas.

Eh! Pourquoi pas?

아니! 왜 있을 수 없어! 바로 난데….
오늘 이 세상 미친 사람들의 오만과 기상천외의 환상에 시달리는 병든 영혼의 우림들
절망의 바닥에서 다시 솟으라고 웅장한 교향곡에 피를 쏟았는데….
어두움 앞에 안개 걷히고 소풍 왔다 간다는 인생이
얼마나 아름다운데….
데스노스 당신을 사랑합니다.

남은 날을 매일 첫 날이라고 이 '개미'의 노래를 부르고 삽니다.
집에서는 양파 썰며 눈물 섞어 부르고 사장 갈 때는 에디뜨 피아프가,
이브 몽땅, 쥴리엣 그레꼬가 불러 줍니다.
수레는 무겁지만 그 안에 사랑 가득해 행복합니다.
데스노스 정말로 당신을 사랑합니다.

무제 I

아침에 눈 뜨니 9시가 넘었다.
T.V Orfeo 틀었더니 Brahms의 《Violin Concerto》 I악장이 막 시작되었다. 벌떡 일어나, 아 좋다! 오늘의 일진. 브람스의 음악이 내 청춘에 많이 나를 울게 했는데…. 더구나 《Violin Concerto》는 원경수 씨가 한국 초연했는데…. 난 커피잔을 들고 KANU를 두 봉 들고 끓는 물 어딨나 찾는데 하염없이 눈물이 나온다.
아련한 그 옛날 사랑이 생각나서….

이어 Ravel의 《Piano Concerto》 유자 왕의 연주. 작은 체구의 그녀는 동양 여인인데 사람인가 요정인가 나올 때마다 나의 마음을 흔든다. 인간 요정의 에스프리….
언제나 그녀의 연주복은 획기적 자극이다. 관능적 연주복. 젊음의 발랄한 자연인. 그 옛날 아담과 이브의 모습같다. 번개같이 Ravel의 협주곡은 끝났다. 그리고 햇빛에 까맣게 탄듯한 얼굴이 Elgar의 《첼로 협주곡》을 시작했다.

11시가 됐을 때 음악은 멈추었다. 내 마음의 고동도 멈추었다.

허나 하늘까지 올라가 버린 나의 소리 투쟁은 아직도 높은 산 위에 걸려 있는 듯 숨 가쁘다. 감동과 행복과 환희의 순간이었다.

지금은 Mozart의 《피가로의 결혼》이 흐르고 있다. 내 마음 차츰 평온하게 자리하겠다. 나는 Mozart는 사과 먹듯 편안하니까.

무제 II

비탈 언덕 밑 쓰레기처리장에서 사람들이 무엇인가 줍고 있었다. 나도 여행길 나그네여서 그곳으로 자연스레 그들의 무리 되어 무엇 하는가 보았다.

산더미처럼 쌓인 쓰레기에서 찾고 있는 것, 금광에서 캐고 나온 쓰레기 속엔 반짝이는 돌가루가 산더미처럼 금빛으로 빛나고 있었다. 나도 주저앉아 줍기 시작했다. 부스러기들, 아주 작은 돌에서 큰 것까지 새벽에 닭장에서 깨어난 닭이 흙바닥에 내려와 두 발로 흙을 차며 모이를 찾는 모습과 흡사했다. 내 치마폭에 가득 담고 돌아왔다.

집에 와서 그 돌들을 씻어 광주리에 담아 창가에 놓았다. 하루 가고 이틀 가고, 밤하늘의 별처럼 바구니에서 빛이 나더니 어느 순간에 그들에게서 소리도 들렸다. 소곤소곤, 수군수군…. 나는

그 소리들을 다섯 줄 종이 위에 쓰기 시작했다.

경이로운 축복의 소리들이 내 영혼을 흔들어 내는 황홀한 선율, 화성, 삶의 모습이었다. 감사의 황금빛, 돌가루 아닌 금가루!!

아멘이다.

젊어서 연애하며 싸돌아다니던 피레네산맥 어느 기슭 같고, 스페인의 어느 산 밑 공포스레 다니던 낯선 마을의 모습이었다.
　부자가 된 듯 황홀했다.

꿈이었다, 새벽 다섯 시.

18 Mai 92

Anne RICQUEBOURG

　Nous n'avons que les prospectus du Stage pour le moment. Nous vous enverrons les dépliants du Festival dès réception.
　En attendant de vos nouvelles et le plaisir de vous jouer (nous espérons très bientôt!), recevez mon meilleur souvenir et toute mon Amitié.

Anne.

나의 음악 노트

 1952년 한국 전쟁의 한복판에서 서울이 불타고 폐허처럼 변했을 때, 김남조 시인의 첫 시집《목숨》을 안고 내 인생의 기둥으로 사랑했다. 그 시들은 40년 세월 뒤 내 몸속에서 발효, 숙성되어 30편의 노래로 탄생했다.《테너와 하프를 위한 세 편의 사랑의 노래》는 드물게 하프로 서로를 빛내고 있다. 첫 곡 〈노을〉은 5/4 박자의 불규칙 리듬으로 세월을 잊고 가는 낭만적 서정이 깊고, 두 번째 작품인 〈꽃〉은 시가 너무 짧은 아쉬움에 가슴 태우며 대위법 교과서처럼 썼다.
 마지막 곡 〈가을 햇볕〉은 마디도 박자도 없이 자유롭게 열두 폭의 가을 풍경을 짙게 노래했다.

 지금 시인은 아흔의 문턱을 넘기고 나는 4년 뒤의 세월을 따라가고 있다. 마음속엔 그의 시로 곡을 몇 편 더 써야지 하는 소망이 있어 아름다운 건지 노망인지는 모르지만, 그의 노래로 인해 나는 행복하다.
 이보다 더 큰 축복이 또 있을까…. 믿고 산다.

달팽이 한 마리

달팽이 한 마리가 신발을 사 신으러 시장에 갔더니
캄캄한 밤이 되어 맨발로 돌아왔다.

달팽이 한 마리가 노래를 배우고 싶어 학교에 갔더니
교정엔 잡초만 무성하고 여름방학이었다.

달팽이 한 마리가 바캉스로 인도와 일본을 방문하려고 길을 떠났더니 7년 동안 걷고 또 걸어도 언제나 프랑스 땅 니스에서 파리로 가고 있었다.

노랫말 작가가 누군지 모르나 이 노래는 프랑스 유치원 어린이들이 즐겨 부르는 동요이다. 둥글게 손잡고 춤추며 부르는 동요, 나도 예전엔 함께 불렀다.

어느 날 웃으면서 부르다가 울어버렸다. 청춘에 웃다가 지금은 나를 울게 하는 노래. 늙은 탓일까. 달팽이가 나였다면 가슴 찢어지게 아프고 슬프다. 가도 가도 그 자리 걸음, 달팽이 마음이 지금 내 마음이다. 풍자니까 웃어야지…. 무엇을 시사했을까.

그래도 나는 슬프다.

Un Escargot

Un escargot s'en allait à la foire,
Pour s'acheter une paire de souliers.
Quand il arriva, il faisait déjà nuit noire,
Il s'en retourna… nu-pieds!

Un escargot s'en allait à l'école,
Car il voulait apprendre à chanter.
Quand il arriva, ne vit que des herbes folles,
C'étaient les vacances… d'été!

Un escargot s'en allait en vacances,
Pour visiter l'Inde et le Japon.
Au bout de sept ans, il était toujours en France,
Entre Paris et… Dijon!

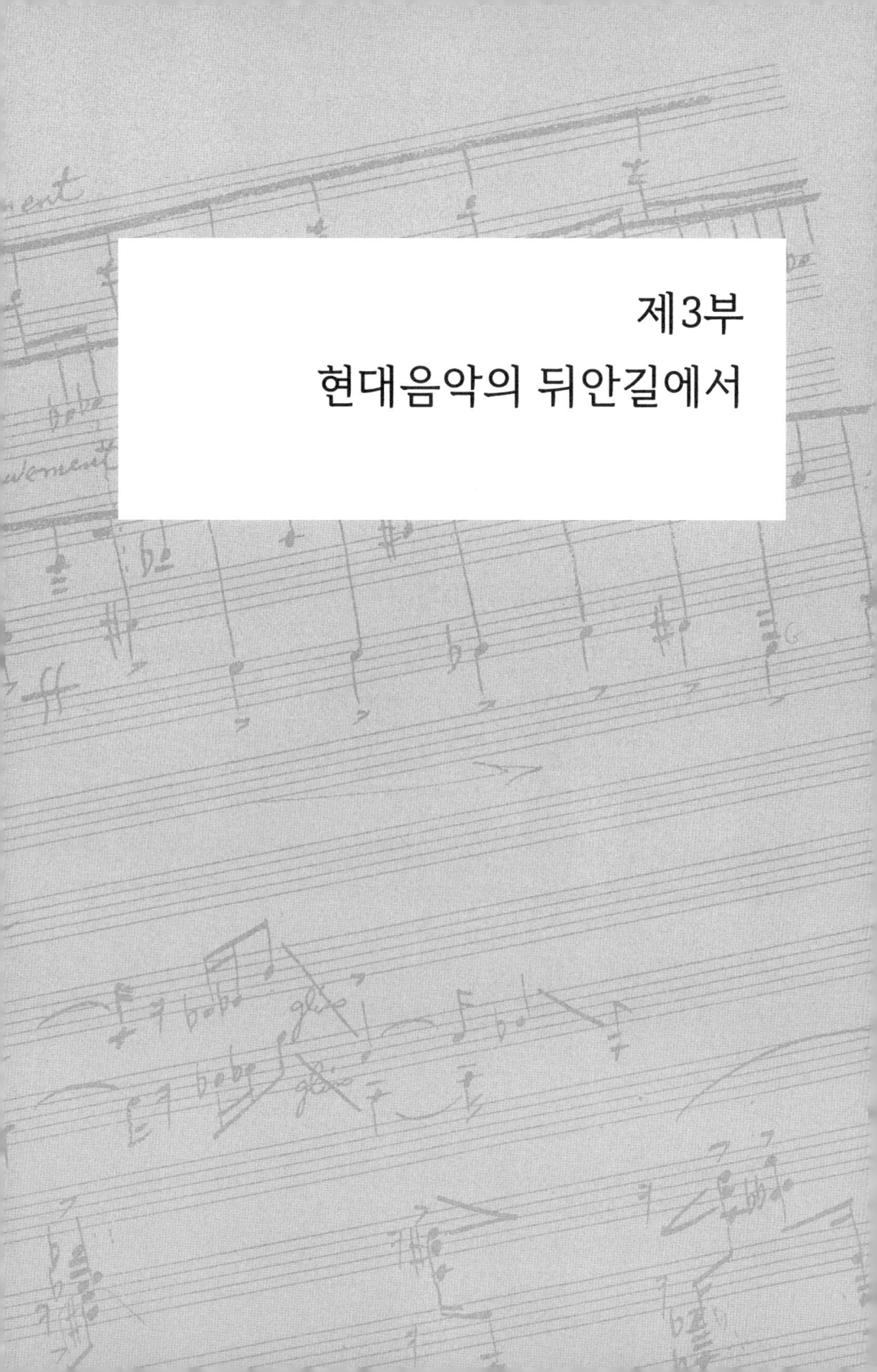

제3부
현대음악의 뒤안길에서

현대음악의 뒤안길에서

 인간의 존엄성이 처참한 병마 코로나19로 지구를 덮치고 있는 2020년 8월 16일 새벽, 한국의 현대음악 작곡가 강석희 교수는 이승을 떠나갔다. 반세기 넘게 세계 속에 동양의 얼을 담으며 새로움을 함께 추구하던 우리들 꼴래그[1] Collègue에 인사도 없이 하늘의 별 하나 스러지듯 가버렸다. 투병 속에서도 가슴에 써야 할 음악들이 가득했을 텐데…. 세상의 종말을 고하는 노래도 쓰고 싶었을 텐데…. 고별인사도 없이 눈을 감았다.

 소식 듣고 바로 달려간 영안실의 영정 사진이 나를 보고 환하게 웃고 있었다. 그 옛날 한국 전쟁으로 삶이 처절했던 시절 젊음 하나로 한국 현대음악 세계화의 뜻 하나로 만나 독학으로 도전했고 함께했던 그 노력의 결실로 세계 속에 우뚝 섰는데…. 한국의 "라 벨 에뽀끄"[2] La Belle Époque로 함께 해준 세월에 고마웠다고 고개 숙인다.

---

1 꼴레그(Collégue): 프랑스어로 '동료', '동지'를 의미
2 라 벨 에뽀끄(La Belle Époque): 20세기 초 프랑스 문예 부흥

이 글은 애도의 글이 아니다. 그와 나 또 다른 동료들이 세계로 뻗어 나간 역사적 발자취, 한국 전쟁 와중에서 싹트기 시작한 세계 현대음악의 조류를 타고 오늘에 이른 음악적 삶의 과정과 흔적을 회상하는 글이다.

1958년 한국 전쟁의 잔해를 보며 나는 프랑스 파리로 유학을 갔다. 1년 뒤인 59년 여름 독일 바덴바덴 Baden-Baden에서 열린 국제 현대음악협회ISCM 행사에 참여했다(한국도 1957년 나운영 교수에 의해 가입했었다).

일주일 동안의 페스티벌 행사는 다양한 모습으로 열렸으나 나에겐 너무나 버겁고 이해 안 되는 전위음악, 무조음악, 행위, 실험음악이어서 감당하기 어려웠다. 나는 매일 커다란 망치로 얻어맞는 것 같은 해프닝으로 이것은 음악이 아니다! 라고 가슴속으로 외치고 몸부림치며 거부했다. 독일의 작곡가 칼하인츠 슈톡하우젠(Karlheinz Stockhausen, 1928~2007)이 동양의 방석을 들고나와 부동의 자세로 "동양의 선"을 암시하듯 앉았고 그 공간에 전자음향이 소음처럼 나를 괴롭혔다. 프랑스의 작곡가 불레즈(Pierre Boulez, 1925~2016)의 무조음악 피아노곡이 소음 덩어리로 내 전신을 위협했다. 그때 프로그램에는 존 케이지(J. Cage, 1912~1992), 에드가 바레즈(E. Varèse, 1883~1965), 루치아노 베리오(Luciano Berio, 1925~2003) 등 세계에서 모인 30·40대의 젊은 작곡가들 작품의 큰 잔치였다. 그러나 나에겐 소음의 연속이었다. 앞으로 내가 가야 할 현대음악의 길은 황무지 정도가 아닌 절망의 수렁 같았다. 나는 3일을 참가하고 파리로 돌아왔다.

현대음악 예술의 소용돌이는 어떤 것인지 어디에서 와서 어디로 가는지 감성과 이성의 싸움인지…. 큰 바위 하나가 내 어깨에 덮쳐지는 고통의 사색이 강하게 내 음악 영역 안에 각인되었다.

1961년 봄 나는 귀국하였다. 가을 학기부터 모교의 교단에 섰다. 귀국하고 얼마 뒤 나의 스승 나운영 교수님 제자 모임에서 처음으로 강석희 조병옥 부부, 나인용을 만났다. 그 뒤에 이화여대에 가 야금 강의 나오는 황병기도, 백병동도 만났다. 이때 만난 이들이 세월 따라 각자의 창작세계로 성숙해가며 화합하는 모습에서 나는 홀로 우리는 한국의 '라 벨 에뽀끄 시대의 주인공이다.'라고 자부하며 살았다.

내가 외국에서 눈으로 보고 듣고 배운 현대음악은 커다란 쇼크였고 그 시절 한국의 작곡은 근대음악(1900년대)에 머물고 있었다. 우리들의 스승들은 낭만에서 후기 낭만에 머물고 새로운 시도를 찾기에는 환경부터 어려웠고 안일했다. 그러나 나운영 교수만은 현대음악 시도와 추구에 많은 것을 찾으려 애쓰신 유일한 그 시절의 선구자였다. "선 토착화 후 현대화"를 외치신 선구자였다. 그 시대는 악보도 음반도 책도 구하기 어려운 열악한 현실에 허덕이며 "없음에서 있음으로" 만들어내는, 불가능을 가능케 하려는 정열의 몸부림 시절이었다.

작곡에 무모한 시절, 굶주림의 시절 속에서 내가 찾지 않으면 안 되는 숙명적인 상황이 처절했으나 하늘이 주는 사명이었다. 없음에서 있음으로 덤비는 철학으로 투병하듯 현대음악 창작에 몸부림쳤다. 맹목적 탐구와 사색으로 독학하듯 각자의 음악 어법, 음악미학을 찾아 작품을 썼다.

나는 프랑스에서 거장 올리비에 메시앙(Olivier Messiaen, 1908~1992)의 작곡 프로젝트에 몇 번 참가하여 음색, 리듬, 기법에 몰두하였다. 슈톡하우젠K. Stockhausen도 P. Boulez도 메시앙의 제자였다. 스승 곁을 떠난 뒤 그들은 참신한 자기만의 음악 언어를 찾아 자기 개척의 길로 매진하여 20세기를 빛나게 한 공로자가 되었다. 내 음악은 미학적 추구를 바닥에 두고 12개의 음을 다 풀어 쓰는 도데카포니Dodecaphony로 내 영혼을 담았다. 백병동도 나인용도 무조음악으로 12 음속에서 동양의 얼을 담아갔다.

1966년 강석희 작곡의 전자음악 《원색의 향연》이 세계 초연되었다. 한국 최초의 전자음악이었다.

무대 위에 목탁을 든 스님이 세 분 서 있고 바닥에 그 옛날 시골 부잣집의 부엌에 있던 커다란 무쇠솥이 두 개 나와 있다. 놋 주걱을 든 남성이 주저앉아 목탁 리듬과 전자음향에 맞추어 누룽지 긁듯 쇳소리를 내며 느리게 빠르게 움직이고 스님들의 목탁도 리듬 따라 나무 소리를 내고 있다. 그 소리들 위에 전자음향이 내 귀를 거슬리듯 섞인 모든 음향으로 덮이고 열린 듯 연주됐다. 음악일 수도 있고 행위일 수도 있다고 나 홀로 해석하며 '현대음악은 이렇게 가는가.' 반세기 전 바덴바덴의 스톡하우젠, 루치아노 베리오가 생각났다.

행위로 보여주는 합성 음악…. 그 속엔 어떤 영혼이 머무는가, 이것도 현대음악인가, 착잡한 마음으로 집으로 돌아오는 밤길 하늘의 별을 보며 답을 물었다. 어느 날 현대음악의 밤에 김정길의 콩 뿌리는 실험적, 행위적 음악을 보았다. 작곡가 자신이 커다란 손잡이가 달린 통에 흰콩을 반쯤 담고 무대에 올라 국자로 그 콩을 떠서 바닥에 뿌린다. 약하게 느리게, 많게 빠르게, 콩 떨어지는 소리가 리듬이다. 그 떨어지는 소리 간격에서 나는 8분음표, 온음표, 16분음표의 리듬을 연상했으나 황당하기도 했다. 시대성을 지닌 현대음악의 한 조각을 상상으로 본, 음악을 눈으로 보고 귀로도 본다는 허상을 내 나름으로 순간적 환상을 느꼈다.

몇 년 뒤 1972년 명동의 국립극장에서 나인용의 플롯과 전자음악을 위한《십자가와 환상》이라는 음악이 세계초연 된 것도 큰 결실이었다. 벨 에뽀끄 시절 나의《피아노와 관현악을 위한 협주곡 I번》(1974),《피아노를 위한 소나틴》(1972), 백병동의《선線에 관한 각서覺書》(1978)의 12음 기법도, 김정길의《피아노를 위한 하우스돌프의 공간》(1975)도 현대음악에 도전하는 작곡가의 기법과 음악 미학이 시대성 깊고 개성적이었다.

그 무렵에 합창곡으로 김영태 시로 쓴 백병동의《열다섯 사람을 위한 대사 더듬기》(1975), 나인용의 합창과 앙상블을 위한《심판의 날》(1974), 김정길의《추초문秋草文》, 강석희의《부루》는 나의 마음을 풍성하게 해준 벨 에뽀끄의 격조 높은 걸작들이다.

그 시절 어느 날 삼일로 창고극장에 갔다. 어둡고 의자는 좁은 벤치가 조금 있는 허름한 공간이 극장이었다(그 시절의 연주회장은 창고극장, 공간사랑에서 많이 했다).

황병기의 《미궁迷宮》의 초연이었다. 좁은 무대 위에 가야금을 들고 흰 두루마기 입은 황병기가 나오고 홍신자 무용가가 첼로를 들고 나왔다. 둘이 앉아서 연주라기보다는 행위로 소리를 낸다. 첼로 통을 두드리고 활로 긋고 웃옷을 벗어 던지고 괴성을 지른다.

가야금은 순수음악과는 먼 음형의 단편을 손으로 뜯었다 활로 그었다가 시김새를 넣었다. 관객은 안중에 없는, 소리도 크지 않은 행위, 얼빠진 사람 같은 연기와 괴성과 또 현악기 소리, 살아있는 생동감 있는 해프닝 같은 《미궁》이었지만 행위 전위음악이었다.

이렇게 한국의 1966년에서 1970년대 말까지 계속된 행위 음악, 그 당시에는 거부 반응도 있었으나 세월이 사유와 함께 지나가면서 《미궁》도 콩 굴리기도, 《원색의 향연》도, 《십자가와 환상》도, 《線에 관한 각서》도 최첨단 획기적이고 참신하고 경이로운 즉흥성, 우연성 사색의 결실이라고 생각했다.

모든 창작예술에는 정답이 없다. 인간의 몸 전체에서 뿜어내는 불덩어리 같은 영혼의 외침도, 몽롱한 환영도 냉철한 현실의 몸부림일 수도 있다는 사실적 상황에서 긍정하고 그들의 용감함에 믿음이 갔다. 여기까지가 한국의 "벨 에쁘끄"라고 자인했다.

2016년 4월 25~26일 양일간 한남동 일신홀에서 일신문화재단 후원으로 강석희와 함께하는 현대음악제 "아츠 페스티벌 디멘션 Arts Festival Dimension 2016"이 열렸다. 그때 나의 피아노 트리오

《영혼의 순례(Le Pèlerinage de l'Âme, 2003)》가 연주되었다. 강석희의 음악은 Flute와 14개의 현악합주를 위한《Fantasy》였다.

그도 나도 "벨 에뽀끄 La Belle Époque"를 벗어난 노년의 과객이 되었지만 우리들 음악은 각자 시대성의 미학을 깊게 품어 아름다웠다.

강석희의 음악에서 단막의 오페라《보리스를 위한 파티》도, 칸타타《햇빛 쏟아지는 지구의 평화》도, 대통령상을 받은《관현악을 위한 달하Dalha》도, 나에게 많은 영감과 공감을 주었고 행복을 안겨준 음악이다. 어느 날 그에게〈햇빛 쏟아지는〉의 장면을 악보로 공부하고 싶다 했더니 스코어를 보내주어 두 주일 분석해 보고 돌려드렸다.

2019년 여름 유튜브에 떠다니던 나의 피아노 삼중주《영혼의 순례》가 영국 여성 음악가 귀에 들어가 그녀가 나를 찾았다. 미국에서 열리는 "2020 Focus Festival"에서 20세기를 앞장서 온 세계의 여성 작곡가를 찾는데 내가 뽑힌 것이다. 유튜브의 그 음악은 강석희와 함께한 "아츠 디멘션 2016" 때의 연주였다.

2020년 1월 28일 뉴욕의 Peter Jay Sharp Theater에서 미국 초연되었다. 그 음악회 주제는 "Trailblazers(선구자)"이고 부주제가 "Pioneering Women Composers of the 20th Century"이다. 20세기 음악의 선구자로, 유일한 동양여성으로 그들과 함께 한 뿌듯함은 내 생애 하느님이 주신 최고의 선물이고 축복이었다.

나는 이따금 생각에 잠길 때가 있다. 한 잔의 차로 마음 가득 옛날 더듬기, 앞날의 잿빛 꿈을 그려본다. 강석희 교수를 생각하면 스톡하우젠이 그려지고 백병동 교수를 그려보면 피에르 불레즈가 떠오르고…. 황병기 교수를 생각하면 존 케이지가 잔잔하게 떠오르고 나인용을 생각하면 루치아노 베리오가 그려진다. 그럼 나는… 올리비에 메시앙을 노래하며 그의 음악어법 항아리에 푹 빠져 살고 싶다.

내가 사랑하는, 나 혼자 이름 붙인, 벨 에쁘끄 꼴레그들에게 찬사와 고마움을 온 맘 다해 전한다.

여성과 창작 음악

여든 해 가까이 음악 속에서 살아왔다고 자부하는 내가 요즘 회의에 잠기고 슬플 때가 있다. 시간의 흐름은 초고속이고 가히 공포스럽다. 시대사조의 바람은 밀려오는 쓰나미 현상이다. 그 소용돌이에 몰리며 살아남으려고 애쓰는 노구老軀의 현실이 더 마음 아프다.

어느 날, 얼빠진 사람처럼 내 뒤를 돌아보고 여성으로서 창작 음악으로 참여한 인생에 한 줄의 보탬이 되고 싶어 "여성과 창작 음악"을 깊이 있게 사유하고 싶어졌다. 솔직히 "여성과 창작 음악"이라는 복합적인 문제는 많이 생각하지 않았다. 그 이유 중의 하나는 음악학, 음악 교육학, 음악사회학, 음악심리학에 여성론이라는 여러 가지 전문 분야를 연구해야 하므로 번거롭다.

역사적으로 볼 때 음악은 오랫동안 남성들의 전유물이었고 그들의 미의식과 철학만이 음악의 척도가 되고 여성들은 그것을 수동적으로 수용하는 데 익숙했다. 창조의 주체적 인물은 될지라도 창조의 당사자로는 봐주지 않았다. 쉽게 음악사를 찾아보아도 여성의 이름은 창작예술 분야에서나 표현예술에 있어서나 찾아보기 드물다. 여성의 능력이 부족했든지 아니면 여성의 능력 이전에 여성이라는 차원에서 억압받고 버림받았는지도 모른다. 아니면 기록으로 남아있는 남성 역사학자들의 편견적인 해석일 수도 있다.

어느 사학자는 말했다. "여성도 개인적인 능력에 따라 사회적 지위를 확립할 수 있다."라고. 그 견해는 여성을 학대하고 예술 분야에서 자기표현을 거부당해온 여성의 사회적 심리적 억압을 고려하지 않은 편견이다. 오늘날까지 아니면 영원일지 모르나 사회는 늘 여성에게 주부로서 어머니로서 역할을 보이게 안 보이게 강요했고 여성도 그것을 사명처럼 받아들였다. 여성은 생물학적인 재생산 능력을 갖추고 있으므로 필연적으로 자녀를 낳아서 양육하는 의무와 본능적 모성애가 있다. 기성 사회구조의 부권적 성격을 자연스럽게 받아들이고 있을 뿐, 살기 위해선 전통적이며 본능적인 길에 예외가 없음을 자각하고 있을 뿐이다.

21세기 오늘날의 여성상은 얼마나 발전했는가를 생각해본다. 여성이 부권을 넘어선다는 것은 아직도 요원한 꿈이다. 현재와 같이 초고속으로 성장하는 여성의 길에, 확고한 답은 안 보이고 비전도 능력도 의심스럽다.

어느 사학자는 창조적 재능을 갖고 뛰어난 창작을 할 수 있는 자기 계발과 예술 세계를 확고하게 이루기 위해서는 결혼을 안 하는 것이 좋다고도 했다. 결혼이 진정한 예술가가 되기 위한 길에 방해가 된다는 것이다. 한번 사는 인생에서 꼭 그렇게 인간다운 삶과 불규칙한 삶으로, 분리해야 하는지 의구심이 든다.

남성은 내적 정신생활과 외적 생활을 원만하게 이룰 수 있는 본능적 반석 위에 있고 여성은 그 두 가지를 상대적 균형을 잡으며 양

립해야 하는 이중의 고통이 있다. 종래의 종족 개념을 탈피하고 사회적, 심리적 구속에서 벗어나야 한다.

여성에게는 남성과 달리 높은 돌담이 있다. 서양 음악사를 통해 음악적 재능과 훈련이 탁월했으나 남성 우월의 사회적 문화적 제약 때문에 좌절하고 끝내 높은 담을 넘지 못하고 주저앉은 천재적 재능을 가진 여성 작곡가들의 삶의 편린을 찾아보고 오늘의 우리와 시대적 차이를 찾고 재조명하고 싶다.

클라라 슈만 (Clara Schumann, 1819~1896)

클라라 슈만은 독일 낭만파 시대의 거장 로버트 슈만의 부인이다. 어려서부터 천부적 소질을 타고났다. 당시 유명한 음악 교육자인 부친으로부터 남성과 동등한 엄격한 음악교육과 훈련을 받았다. 8세 때 이미 작곡을 했고 10세 때는 피아니스트로 주목을 받았다. 13세부터는 많은 피아노곡을 작곡하였고 피아노 협주곡도 작곡하여 직접 초연하였다.

당시 유명한 시인 괴테Goethe는 클라라를 평하여 60명의 젊은 청년을 합친 것보다도 더 큰 능력을 지닌 놀랄 만한 현상이라고 했다. 또 피아노의 시인 쇼팽Chopin은 그를 격찬했고 당시의 유명한 작곡가 슈포어Spohr는 그의 재능에 경탄했다.

엄격한 교육가 아버지는 그녀를 직업 음악인으로 만들려고 맹렬하게 훈련하였으나 아버지의 뜻과 달리 아버지의 제자였던 슈만과의 10년 넘는 사랑 끝에 결혼하여 아버지와 소원한 사이가 된다. 그로 인해 많은 고통을 받고 결혼 후에는 연주 생활도 작곡도 계속할 수 없게 된다. 그녀의 마음도 자신이 예술에서 멀어짐을 느끼고 불행도 깊어짐을 자각한다. 1841년에서 1854년의 13년 동안에 아홉 번의 출산을 겪고 말년에는 슈만이 라인강에 투신하는 소동까지 벌여, 삶 그 자체가 괴로움의 수렁이었다.

마지막 출산 2년 후에 남편은 46세로 세상을 떠나고 그녀도 자식의 양육과 음악의 두 갈래 삶 속에서 많은 갈등과 고통과 회의에 잠기게 된다. 남편의 사별 이후 외로운 그녀를 브람스(Brahms, 1833~1897)가 열렬하게 사랑하게 된다. 클라라는 그의 사랑을 끝내 받아들이지 않는다. 클라라는 브람스에 있어서 숭고하고 유일한 사랑의 여인상으로 남게 된다.

코시마 바그너(Cosima Wagner, 1837~1930)

코시마 바그너는 헝가리 출신의 작곡가 프란츠 리스트(Franz Liszt, 1811~1886)의 딸이며 후에 낭만파 음악사에 일대 혁신을 일으킨 리하르트 바그너R. Wagner의 부인이다. 그녀도 젊어서 비상하게 예술적이고 창조적인 재능을 인정받았다. 코시마도 뛰어난 피아니스트였으나 아버지는 지나치게 완고하여 그녀의 연주를 좋아하지 않았고 여성이기 때문에 사회적 억압을 피할 수 없었다.

당시 유명했던 음악가 한스 폰 뷜로Hans von Bulow와 결혼했으나 뜻이 맞지 않아 헤어지고 바그너와 재혼해서 더 많은 정신적 고통을 받는다. 중요한 것은 그녀의 아버지 리스트나 남편 바그너라는 두 남자에게서 음악에 대한 후원은 고사하고 오히려 맹렬한 반대로 따돌림을 받는다. 천재적 재능을 갖고서도 음악을 할 수 없었던 냉혹한 사회를 원망하여 재능을 잠재우게 된다. 여성의 열등성 또는 수동성을 철저하게 강요당한 것이다.

파니 헨젤 멘델스존
(Fanny Hensel Mendelssohn, 1805~1847)

파니 헨젤은 독일의 유명한 작곡가 멘델스존(Felix Mendelssohn, 1809~1847)의 누이로 작곡에 뛰어난 재능을 보였으나 부친의 간곡한 만류로 작곡을 타의로 그만둔다. 아버지는 딸보다 아들의 출세를 위해 파니에게 작곡 활동을 그만두라고 강요했다. 그녀의 많은 작품은 동생의 이름으로 세상에 나가고 지금도 그녀의 작품은 독일 베를린의 기록보관소에 먼지에 덮여 있다.

알마 말러(Alma Mahler, 1879~1964)

알마 말러는 작곡에 뛰어난 재능을 인정받았으나 23세 때 변태적인 작곡가 말러와 결혼한 이후 작곡가로서의 인생을 끝내고 만다. 남편인 말러는 그녀에게 작곡을 그만두라고 오직 남편을 위해서 봉사할 것을 강요했다. 그녀는 심한 마음의 갈등을 느끼면서도 남편이 원하는 헌신적인 부인으로 일생을 끝낸다.

이 모두 19세기 낭만파 시대, 150년 전 사회상이다. 위의 네 명의 여성은 모두 천부적인 재능과 엄격한 수련을 쌓은 남성 못지않은 작곡가였다. 그러나 모두가 작곡가인 남편을 가진 것이 공통점이다. 남편과 음악의 틈바구니에서 갈등하며 거의 타의에 의해서 그 천부적인 재능은 묻혀버렸다. 그들은 모두 성적 억압과 그 시대의 사회적 편견에서 탈출하지 못하고 남성들의 종속적인 수동 인물로 귀결했다는 것을 알 수 있다.

21세기를 살고 있는 오늘날에도 여성이 창작하려면 결혼하지 않아야만 하는가 다시 생각해본다. 20세기의 한복판, 내 어릴 적, 창작이 무엇인지 모르면서 선택의 길목에서 택한 무지를 이 노년에 실감한다. 이는 내 숙명이고 축복이다. 오히려 진정한 예술을 원한다면 인간으로서 겪어야 하는 모든 고통을 정면으로 극복하며 심연을 울릴 수 있는 깊은 사유의 세계를 담아야 한다고 생각한다.

그 옛날의 시대, 성차별에서 희생되었던 편견은 이젠 없다. 숨 가쁘게 변하는 기계적, 인위적 문명 속에 인간의 존엄성마저 흐려지지 않을까 염려된다. 지구는 계속 돌고 돌아 귀결점은 있을 것이다.

지금 내가 서 있는 자리는 남녀동등으로 동행한다. 여성으로서, 아내, 어머니, 순수예술 음악의 삼중대위로 조화를 이룰 것이라고 확신한다.

내 유년의 노래

아련하게 멀리 있으면서 보석처럼 빛나는 소중한 이야기가 있다. 지금 삶의 황혼 역에서 고요한 시간에 생각나는, 우연 같으면서 숙명적인 이야기이다.

내가 어렸을 때, 춘천 우리 집에 자주 오시는 김 사장님이라는 아버지 친구분이 계셨다. 저녁 무렵 그분이 오시면 어머니는 아주 정중하게 술상을 차리셨고 초등학생이었던 나는 심부름하기에 바빴다. 부엌에 앉아 긴 국자에 날달걀을 예쁘게 담고, 큰 냄비 끓는 물 속에서 달걀이 익을 때까지 들고 있는 것이 큰 부담이었다. 수란을 꼭 그렇게까지 힘들게 만들어야 하나 생각했지만, 어머니는 꼭 나를 시켰다. 두 분은 적당히 데워 온 정종으로 행복했다. 분위기가 무르익으면 아버지는 유성기에 밥 주고 음악을 틀라고 했다.

아버지의 절대적인 애창곡 〈목포의 눈물〉 선율이 흘렀다. 그 시절 유명했던 이난영이 부르는 〈목포의 눈물〉은 아버지의 사랑을 독차지했다. 어느 날 저녁 그분이 또 오셔서 국자에 수란 만드는 고역을 피하고 싶어 다른 요리 하자고 간청했지만, 나의 수란 만들기는 필수였다. 〈목포의 눈물〉이 유성기에서 흘러나오고 도란도란 담소 나누시는데 사장님 목소리가 들렸다. "내 조카가 작곡을 해 보고 싶어 하는데…. 이름이 윤이상이다."라고 했다. 내겐 관심 없는 얘기였다. 아버지도 김 사장님도 윤이상도 경상도 사나이였다. 유성기 태엽을 감고 거듭 노래를 들려드리고 재떨이를 비우며 안주 갖다 드리면 아버지는 행복했고 나는 힘들었던 일이 생각난다. 아득한 추억이 시간을 되돌려 놓는다.

1950년 5월 10일 나는 꿈꾸던 대학에 입학하고, 한 달 보름 공부하고 전쟁을 만났다. 96일 동안 나 혼자 고아처럼 방황하며 부모 형제를 찾아 헤맸다. 9·28 후에 부모님을 만나고 12월 중순에 중공군이 다시 쳐들어온다 해서 부산까지 밀려갔다. 그때 나는 처음으로 바다를 보았다. 나의 대학 생활은 한 달 반 했을 뿐, 산산이 부서진 꿈을 주워 담으려 했던 1951년은 대학도 문을 닫았다.

먹고 살기 위해 부산 국제시장에서 뜨개질해 주고 적은 돈도 받고 부산 사람 집 아기들 피아노도 가르쳐 주며 주야로 뛰던 어느 날, 영주동 고개 언덕에 걸려 있는 "나운영 음악 교실" 현수막 보고 달려가 작곡 공부를 시작했다.

그해 가을 대학이 문 열고 천막 치고 흙 바닥에 나무토막 깔고 앉아 필사적으로 공부했다. 그 무렵 나운영 교수 따라 몇 번 음악다방에서 선배 음악가들에게 인사도 했다. 그분들 중에 윤이상이 있었다.

부산역 앞 40계단 옆의 음악다방에 굶주린 음악 전문가, 애호가들이 가득했다. 1953년 휴전과 함께 모두 서울로 환도하고 종로의 르네상스, 명동의 돌체(후에 엠프레스로 개명되었다), 충무로의 하모니, 광교의 쇼팽 등 음악다방에서 약속 없이 만나 음악을 듣고 인생의 갈 길을 모색했다. 윤이상은 1956년쯤 유학길에 올랐다.

　내가 대학원을 졸업하고 프랑스 파리로 가서 작곡 공부를 하고 싶다고 말했을 때 우리 집 식구들은 혼비백산할 정도로 다들 놀랐다. 청천벽력 같았을 게다.

　아버지는 "쟈가 뭐라 카노. 가정 교육을 어찌했기에 저런 소릴 하노." 어머니가 야단맞았다. 노발대발하며 화를 내시는 아버지가 이해가 됐다.

　고등학교만 졸업해도 시집 잘 간다고 했던 시절, '여자는 많이 가르치는 것 아니다'라는 봉건적 사상이 팽배했던 그때, 프랑스로 공부하러 간다는 건 분명하게 계란으로 바위 치기였다. 몇 달 동안은 아버지와 나의 밀고 당기는 전쟁이었다.

　그 와중에 유학생 국가시험도 보았고, 그동안에 쓴 작품으로 명동의 국립극장에서 '도불 기념 작곡발표회'도 했다. 그날 아버지는 음악회장 2층 맨 중앙 앞자리에 앉아 딸이 무엇을 썼나 들어주셨고 내게는 가장 소중한 첫 번째 청중이 되어 주셨다. 내가 힘들어 좌절할 때도 8년 동안 나를 가르쳐 주신 나운영 교수는 내 뒤에 기둥처럼 서 계시며 "가십시오. 가야 합니다. 그리고 청출어람으로 돌아오십시오"라고 일러 주셨다.

　얼마 동안 가시 밥 먹듯 괴롭고 시끄러웠다. 어느 날 두레상에 앉아 여덟 식구 밥 먹는데 아버지가 엄숙하게 자녀들에게 말했다. "딸 셋, 아들 셋인데 첫 딸이 정신 나갔는데 할 수 없다. 길에다 버리는 셈 치고 비행기 표 사서 빨리 보내라."

　드디어 나는 성공했다. 아버지와 당김 씨름에서 승리했다. "왕십리에 가서 똥파리 만나고 온나" 하시던 아버지 마음이 바뀔까 싶어 사흘 뒤 1958년 8월 11일 여의도 간이 비행장에서 프로펠러 비행기 타고 도쿄에서 일박하고 48시간 하늘을 날았다.

나는 길에 버려진 아버지 딸이 되었다. 떠나는 날 청사도 없는 천막 한구석에서 아버지는 웃으시며 말했다.

"몸조심하고 공부 잘하고, 해 봐라…. 무엇이 되든 끝은 있을 테니. 그리고 만날 베토벤인가 뭔가 시끄러운 것만 말고 〈목포의 눈물〉 같은 음악도 한두 개 만들어 봐라. 나는 그게 좋다."

굵은 빗물 홍수를 맞은 듯한 고마움과 감사의 감동이 소용돌이치는 순간이었다. 어렸을 때 끓는 물에 긴 국자 속 계란을 예쁘게 익히려고 애쓰던 소녀, 꼭 내가 유성기 밥 주고 이난영 노래 〈목포의 눈물〉 틀어드리던 나의 유년기, 피아노도 없이 피아니스트 되고픈 불가능을 이루어 보려던, 경상도 부모의 강원도 태생 나의 꿈, 기적이 나를 바다 건너가게 해준 보석 중의 보석이고 축복이었다.

그해 가을 파리 국립고등음악원 2일간의 입학시험. 첫 시험은 12시간 처박혀 푸는 화성학이었고, 일주일 뒤에는 18시간의 고통스러운 대위법, 후그(제시부와 희유부, 종결 스트레토)였다. 그다음 주 시험 치르고 만난 나의 교수 토니 오반Tony Auben은 내게 물었다.

"네가 한국에서 왔다고…. 그럼 윤이상을 알아요?"

"네"

"작년에 파리에 와서 나와 1년 작곡 공부하고 네가 오기 두 달 전에 독일로 갔어요."

"왜요?"

"아마 파리 공부가 싫었던 게지."

윤이상은 독일로 옮겨 가서 세계적인 작곡가가 됐다. 하느님이 주신 운명적 축복이라고 생각한다. 분명하게 운명 속엔 본인이 모르는 누군가가 보이지 않게 밀어주는 행운의 열쇠들이 있는 것 같다. 하나가 아니고 둘도, 셋도 되는….

일 년 뒤 1959년 봄 어느 날 나는 윤이상을 만났다. 파리 룩셈부르크 공원 옆 카페에 앉아 얘기를 나누었다. 그때 그는 나에게 중국산 참기름 한 병과 약간의 미국 돈을 공부하는데 보태라며 주고 갔다. 그 무렵 나처럼 참기름과 돈을 받은 남녀 학생들이 몇 명 더 있었다는 것을 뒤에 알았다. 그리고 얼마 뒤부터 내가 아는 한국 유학생이 하나둘, 파리에서 모습을 감추었다. 어렴풋이 북녘 하늘 밑으로 갔다는 뜬 소문 같은 이야기가 들려왔다. 공부 마치면 고국에서 일하고 싶다는 꿈을 나누던 그 시절 친구들은 어디로 갔나…. 이따금 생각한다. 세월은 물같이 바람같이 흘러갔다.

올해 2018년 7월, 무더위 찌는 날 베란다에 놔둔 계란에서 어미 품도 없이 혼자 병아리가 부화했다고 뉴스가 나오던 날, 나도 쓰고 있던 작곡에 굵게 두 줄로 끝맺으며 환희의 소리 지르던 날, 한 통의 전화를 받았다. 파리에 사는 후배 피아니스트가 내 집 근처 식당에 있으니 나오란다. 나가보니 그 후배는 친밀해 보이는 나이 든 남성과 식사하고 있었다. 우리는 셋이서 그 옛날 반세기 전 옛 시절 추억에 한없이 빠져들었다. 그는 반세기 넘게 Paris에 사는 분이었다. 얘기 끝에 내가 물었다.

"그때 함께 공부했던 파리 한국학생회 일을 나와 함께하던 '박'이라는 청년이 지금 어디에 있을까요." 담담하게 얘기했는데 연세 드신 그분이 말했다. 오래전에 옛날의 그 청년이 아시아 어느 나라의 북한 대사관의 좀 높은 자리에 외교관으로 근무하고 돌아갔다고 했다. 살아있었구나…. 커다란 돌 하나가 내 전신을 내려치고 간 것처럼 그립고 무겁고 가슴 찢어지는 순간이었다. 괴롭고 아픈 몸과 마음이 지금은 그냥 담담하게 정화되어 가나 보다.

나는 지금도 아버지 생각하면 가슴 미어지게 고맙고, 감사하고, 감당하기 어려운 감동에 눈물 젖는다. 왜 젊디젊은 환갑 나이에 가셨을까. 눈물 어린 목소리로 〈목포의 눈물〉을 부르고 싶어도 목소리가 없어 마음속으로 애절하게 불러본다.

사공의 뱃노래 가물거리며
삼학도 파도 깊이 스며드는데
부두의 새악씨 아롱 젖은 옷자락
이별의 눈물이냐 목포의 설움

삼백년 원한 품은 노적봉 밑에
님 자취 완연하다 애달픈 정조
유달산 바람도 영산강을 안으니
님 그려 우는 마음 목포의 사랑

지금 아흔 살 언덕으로 힘겹게 올라가는데 하늘에 계신 나의 아버지께 이 노래로 환상곡이던, 변주곡을 만들어 뒤늦게라도 불효를 용서하시라고 바치고 싶다.

참 예술, 순수예술을 엄격하게 시대성 띠고 가려는 나의 음악미학 속에 그 옛 시대 순수성을 그대로 품어내는 〈목포의 눈물〉 같은 노래도 격조 높게 영혼의 위안으로 담아보고 싶다.

소녀의 기도

《불사조의 노래》책을 읽고 해운대 바닷가에 사는 소꿉친구가 편지를 보내왔다. 서로 잊혀가는 세월이 십 년도 넘었다. "네가 보내준 책을 받아들고 바로 6시간, 또 하루 7시간 만에 완독했다"가 첫 구절이었다. 커다란 대학노트에 큰 글씨로 군데군데 만년필의 글이 번지고 읽기가 쉽지 않았지만, 그의 마음의 순수한 진동이 가득 번져 내 가슴에 작은 감회로 일었다.

내가 지금 여든다섯의 왕할머니 되었는데 그 옛날이 너무 생각난다. 중학교 때 공부 끝나면 청소하고, 너와 같이 뒷동산에 올라 도토리나무에 기대어 기도하고, 산딸기 따 먹고, 노래 부르며 패랭이꽃, 붓꽃 꺾어 들던 지난 그 시절이 새삼 그립구나.
 눈이 하얗게 내려앉은 겨울이었다. 그 옛날은 시베리아 벌판처럼 너무 추웠다. 커다란 강당의 낡은 피아노 한 대에 7~8명의 학생이 공부 끝나면 시간표 짜서 피아노 공부를 했지. 네가 체르니, 소나타 칠 때 우리는 바이엘을 시작하고, 네가 돌아가며 우리를 봐주었다.

그때 가끔 네가 쳐주던 〈소녀의 기도〉가 우리들의 환상 같은 목표였다. 모두 〈소녀의 기도〉를 치게 될 때까지 맹렬히 공부해서 나는 그 꿈을 이루었잖나….

그 추운 겨울 큰 강당에는 온기 하나 없고, 덜덜 떨며 언 손으로 피아노를 쳤으니…. 네가 40분 치고 일어난 뒤 내 차례 되어 피아노 앞에 앉으면 하얀 피아노 건반 여기저기에 빨갛게 피가 묻었던 것 생각나니? 그때가 거의 70년 전이다.

네가 프랑스에 유학 가기 전에 너의 집에 놀러 가면 온통 네 방 벽에, 화장실까지 불어단어를 써 붙이고 맹렬히 공부하던 것 지금도 눈에 선하다.

우리는 쉬는 시간이면 강당으로 달려갔고 네가 들려주는 〈소녀의 기도〉에 황홀하게 빠져 미래를 향한 꿈을 키웠다. 나는 그때부터 너의 노력을 내 눈으로 보았고, 오늘의 너의 성공이 쉽게 거저 된 것이 아님을 안다.

대학노트 다섯 장에 가득 채운 추억의 긴 편지였다. 끝머리에 "얘! 영자야, 부산에 한 번 와. 우리에게 10년이란 세월 또 오는 것 아닐 테니 만나서 회포를 풀자. 여든다섯 여든넷 할머니 둘이서 해운대 바다를 걸어보자."

그의 편지를 읽고 가슴이 멍하게 눈물 글썽이다 나는 피아노 앞에 앉아 오랜만에 〈소녀의 기도〉를 치며 감회에 젖었다. 그 음악은 폴란드의 여성 피아니스트 바다르체프스카(Badarczewska, 1837~1861)가 24년 생애에 유일하게 작곡한 음악이다. 이 음악은 그녀가 18세 때 작곡하였다.

음악은 옥타브 진행과 아르페지오로 주 삼화음만을 사용한 선율 진행으로 만든 8마디의 주제를 14번 변주하는 아름다운 음악이다. 지금 내 곁에 그 악보는 없지만 내 가슴 속의 악보는 옛날 그대로 선명하게 있다. 24년을 살다간 짧은 생애의 작곡가, 유일하게 남긴 그 〈소녀의 기도〉가 유구한 세월을 강물처럼 안고 우리들 가슴에 위안과 사랑을 대를 이어주고 있다.

  음악의 힘이 얼마나 위대한지 다시 실감한다. "인생은 짧고 예술은 길다"라는 명언은 천 년을 향해 끝없이, 변함없이 빛을 내고 있다.

파리 새벽 4시, 음악이 깨운 정신
-2015년 정월, 현대수필 문우들에게

　Paris의 새벽 4시입니다. 진한 자줏빛 비로드 커튼이 무겁게 드리워진 이 방에서 낮인지 밤인지 모르게 일주일 넘게 지났습니다. 혼자라는 절대 자유를 찾아온 파리. 고독과 절망의 밀실이 왜 이렇게 겁 없이 좋은지.

　혼자서는 절대로 살 수 없는 세상임을 아는데 식구들 다 떼어 놓고 잘한 짓인지 그릇된 생각인지 몰라도, 고독과 절망 속에서 버둥거리는 것, 그걸 대단한 은총이라고 감사하는 것이 지금 나의 순수한 모습입니다.

　I. 지난가을부터 구상했던 음악 죽은 이들에게Pro defunctis를 피아노 5중주로 횡적으로 끝맺었습니다. 130마디, 수직은 서울 가서 봄 내내 빈칸 채우듯, 나만의 음악 어법으로 쓰면 됩니다.

　II. 현악 4중주로 〈아픈 사랑 노래〉를 92마디 썼습니다. 이곳에 도착해서 바로 머릿속에 가득 넘치는 그 소리가 신선하고 순수하게 떠

올라 외출하면 다 날아갈 것 같아 칩거했습니다. 몽당연필이 두 자루 나왔습니다. 이 세상의 천재들을 다 하늘이 주는 것은 아닙니다.

많은 작곡가를 천재라 부르지만 그들의 고뇌의 뒤안길은 고독과 절망의 연속이었을 겁니다. 누군가가 천재는 99%의 노력과 1%의 영감이라고 했답니다. 나는 지극히 평범한 보통 여성으로 0.001%의 영감을 얻으려고 용감하게 이곳에 왔습니다. 파리만이 내게 그것을 줄 수 있기 때문입니다.

먹고 싶을 때 먹고, 자고 싶을 때, 자고, 놀고 싶으면 뛰어나가 생제르만 데 프레 거리를 걷고, 윤 교수님 좋아하시는 카페 드 마고에도 가고, 그곳에서 가까운 몽파르나스 묘지도 가고, 두려움 없이 하늘을 우러러보고 땅을 밟아도 이 나이에 이국의 하늘 밑에서 서슴없이 혼자서 헤매고 있다는 것. 정말 내 생애 끝자락의 최고의 축복입니다.

어제는 낮 12시 반에 루브르박물관에서 열리는 "한낮의 음악회"에 갔습니다. 8년 가까이 살았던 파리에서 셀 수 없이 갔던 박물관, 전시회, 음악회를 이번에는 생략하고 칩거 생활 40일을 결심했는데 Parisscope 책에 실린 광고에서 한국 이름을 발견하고 달려갔습니다.

루브르박물관 피라미드 밑 지붕 앞 광장에는 사람들의 장사진, 12월 초의 테러 사건으로 파리의 모든 곳은 심한 검역입니다. 사람 물결 헤치고 음악 홀에 들어갔을 때는 거의 만석이었습니다. 놀랍게도 500명 가까운 관객의 90%는 나와 비슷한 노년층이었습니다. 그들이 늙고 한가해서 왔는지, 음악을 좋아해서 왔는지, 나처럼 음악 전문가여서 왔는지는 몰라도 여행자들보다는 고정된 파리지앵

Parisiens이 더 많아 보여 흐뭇했습니다. 서울에선 볼 수 없는 청중의 모습입니다.

정각 12시 30분, 무대에 나온 두 연주자 피아니스트는 한국 여성일 것이라는 기대를 깨고 남성 장영신과 바이올린 연주자는 Stephen Waarts의 미국인, 20세, 18세의 청년입니다.

첫 번째 순서로 베토벤의 《바이올린 소나타 8번 G장조》. 피아노의 첫 음이 시작되면서 전류와 황홀감에 빠졌습니다. 20대의 참신하고 정확한 기교에 안도했습니다. 음악이 주는 깊은 내면의 고뇌는 미처 뿌리내리지 못했지만 젊음이 주는 정열이 나를 사로잡았습니다. 피아니스트가 한국 청년으로 세계를 향해 빛을 내고 있다는 것도 감동을 더해 주었습니다.

두 번째 순서는 소련 출신, 프로코피에프(S. Prokofief, 1891~1953)의 《소나타 제2번》, 후기 낭만파에서 현대까지 이어지는 음악으로 기교도 음악도 강렬하고 어려웠지만 두 연주자는 하나 되어 당당하게 때로는 아주 감미롭게 완전한 융합을 이루었습니다. 더구나 duo이중주 이상의 소나타는 서로 악보를 보고 연주하는 특권이 있는데 바이올리니스트는 끝까지 외워서 연주했습니다.

세 번째는 미국 여성 작곡가의 짧은 음악이었고 끝에는 청중들이 좋아하는 강렬하고 감미로운 《카르멘 환상곡》이었습니다. 쉬지 않고 65분 동안 연주했고 99%의 노력이 돋보였습니다.

관객들은 폭풍 맞은 듯 숨죽이고 있다가 끝나자 강렬한 환호를 보냈습니다. 자랑스럽고 사랑스럽고 무대 뒤로 달려가서 포옹하고 뜨겁게 안아주고 싶은 감동으로 나왔습니다. 얼굴 스치는 바람과 추위가 바늘로 찌르듯 추웠는데 정처 없이 리볼리 거리를 걸으며 나는 그 바람 속에서 뮤즈의 영상을 보았습니다. 행복이라는 것, 언제나 내 것임을 실감했습니다.

수필 공부도 을미년에 9년째가 되어갑니다. 친구들이 좋아서 가는지 교수님이 좋아서 가는지 몰라도, 화요일은 모든 일 접어두고 꼭 가야 하는 곳, 가고 싶은 곳이 되었습니다. 1년에 두세 편 겨우 쓰는데, 머릿속엔 셀 수 없이 많은 이야기가 글보다 음악으로 원하나 봅니다.

음을 찾아 엮어 수필 쓰는 환상의 수필가 되렵니다.

하늘의 별보다 더 많은 시공에 흐르는 소리 찾기에 이곳까지 왔습니다. 파리는 세계에서 가장 아름다운 하나의 도시가 아니라 지구상에 유일한 예술의 수렁이고 영적인 도시로 몇백 년 전부터 창작의 천재들이 다 모여 예술의 진수를 싸우며 찾고 새로움을 만들어내는 곳입니다.

아주 작은 하잘것없는 것에 생명을 불어넣고 이야기하고 예술로 승화시키는 곳, 별똥별이 흘리고 간 작은 부스러기가 신선한 영감으로 정화되는 신비하고 마법 같은 곳입니다. 몽파르나스, 몽마르트르, 뻬르 라 쉐즈 공원묘지에 서서 파리를 사랑하고 파리에서 죽은 이방인의 정기가 내게 심오한 영감을 가득 채워줍니다. 내가 이곳에 꼭 와야 하는 이유입니다. 내가 죽어서 한 줌의 재라도 이곳에 있고 싶다는 환상 같은 갈망은 내 마음의 감사의 뜻일 겁니다.

사랑하는 문우들, 내 음악이 세계 초연되는 날 수필 교실에서 꽃다발 안고 와 주는 것, 그래서 잠깐 동안 내가 오만하게 우쭐대고 싶은 사치 같은 행복을 갖는 것, 문우들이 주는 그런 호감도 소중한 사랑의 선물이 아닐까요.

　가르치는 자리보다 배우는 자리에 앉아 있다는 것이 대단한 행운이라는 것 음미하시고 건강히 지내십시오. 교수님께도 문안드려주세요.

　Paris 6구 오데옹에서

故 나운영 교수 탄생 100주년 기념 음악회
-100주년 기념 음악회를 마치고

　나운영 선생님이 안 계셨더라면 오늘날의 이영자는 존재하지 않았을 것입니다. "절실함을 아는 사람만이 예술 창작 음악을 할 수 있다"라는 철학을 가르쳐 준 사람이 나운영 선생님이십니다. "작곡이 쉬운 것이 아니다"라고 말씀하시며, 작곡의 첫 번째 조건으로 잠을 줄이며 그 시간을 공부, 예술에 바치는 열정이 꼭 필요하다고 하셨습니다. 두 번째로는 자유로운 연애가 힘든 시절이었기에 감정이 메마르면 음악이 나오지 않는다고 말씀하시면서 영화라도 보며 감정을 경험할 수 있게 도와주셨습니다.

　보통 선생님들이 학생들에게 화성학, 작곡법 등 이론적인 부분을 가르쳐 주시지만, 선생님께서는 이론적인 부분보다는 인생을 어떻게 터득해야 하는가를 중시하셨습니다. 저는 교수님을 제 마음속에 단연코 한국 1등 작곡가라고 생각합니다.

　역사에 없는 가장 성대한 음악회를 했다고 생각합니다. 왜냐하면, 세종체임버홀에 객석이 만석이 되었을 뿐만 아니라, 70~80명의 청중이 왔다가 그냥 돌아갔고 20여 명은 남아 로비에서 모니터

화면으로 음악회의 전경을 보았습니다. 이렇게 음악회가 진행된 일은 드문 일이라고 생각합니다.

모든 연주자가 성심성의껏 연주해 주었고, 특히 미국에 상주하고 있는 나운영 선생님의 외손녀인 바이올리니스트 박소현이 몇 년 전부터 우리나라의 장구 리듬과 전통 산조를 공부하여 나운영 교수님의《바이올린과 피아노를 위한 산조》를 한국적인 분위기가 물씬 풍기는 음악으로 소화해 내어 청중들에게 감동을 주었습니다.

92세가 된 선생님의 첫 번째 제자인 제가 작곡한《아름다운 헌정 I, II》두 편의 짧은 음악은 스승의 탄생 100주년을 기리며, 젊음으로 충만했던 그 시절의 경이로운 감동과 존경을 담은 담시곡입니다. 그리고 작곡가 나인용의《달밤 주제에 의한 로망스》가 이번 연주회를 통해 나운영 스승에게 감사하는 마음으로 연주되었습니다.

창작의 고통을 감당하기 힘들어 작곡가는 중간에 그만두는 사람들이 많습니다. 선생님은 인생 고희까지 예술로 꽉 찬 인생을 충만하게 살다 가신 분이라고 생각합니다.

(음악춘추 2022년 09월 호 Vol. 325 게재 글)

존타의 만남과 회고

 나는 불혹의 나이에 방황할 때 대학 강의에 지친 오후에 이따금 담소를 나누고 싶은 친구를 찾곤 했다. 그곳은 조선호텔 지하에 있는 김순희 존션의 부티크였다. 그곳에서 몇 번 이방자 여사를 만났다. 연로하였으나 품위와 우수를 담은 고귀한 모습에 나도 함께 자숙하듯 차분하고 아늑한 마음이 되곤 했다. 그러던 어느 날, 김순희 존션의 권유로 국제 존타 서울 클럽에 입회하였다. 1979년 봄이었다. 한 달에 한 번 시청 앞 프라자 호텔 2층에서 회의하며 회식하고 오후 강의에 맞추어 황급히 학교로 돌아가곤 했다.

 그 모임에서 몇 번 내 건너편 자리에 그 당시 20세 후반의 여성 판사 이영애 존션도 있었다. 많은 세월이 지난 뒤 이영애 존션 부부는 우리 내외의 대모와 대부가 되어 주었다. 소중한 만남의 인연을 배웠다. 얼마 뒤, 나는 외교관 남편의 내조자로 인도네시아로 떠났다. 1984년 봄에 귀국해서 김경오 존션의 권유로 다시 존타로 돌아왔다. 2년 뒤 1986년에 네덜란드, 1987년 프랑스 대사의 내조자로 살다가 1990년 서울로 돌아왔다.

지난해 10월 국제 존타 32지구 대회 준비할 때 30년 근속상을 위해 재입회 1984년이라고 신청했다가 부끄러워졌다. 나의 외유 생활로 국제 회비를 안 냈으니 근속 25년도 안 된다는 것이다. 내 나이 90세가 넘어야 30년이 될 텐데 기권하기로 했다.

장향의 총재 특별 배려로 ZISVAW 특별상을 받아 쑥스럽고 부끄러웠지만 행복했다. 내가 파리에서 한국을 대표하는 특명전권대사의 내조자로 있었던 1988년 초여름에 핀란드의 헬싱키에서 열렸던 국제 존타 제49차 세계대회에 참석한 이운경 회장, 대구의 김정숙 존션 일행을 대사관저에 모시고 점심 대접을 하였다.

국회의원 외유에 동부인을 모신 적도 여러 번 있었다. 그때 한옥순 존션도 만났다. 1989년 5월 파리의 한국문화원에서 나의 작품 연주회가 한난이, 한준영 두 딸의 연주로 있었을 때 우연히 파리 존타 V 클럽 Paris-Etoile Club의 존션이 청중으로 와 주었고 그 뒤 그 만남으로 나와 그 시절 화장품 회사인 파리 로레알에 다니던 둘째 딸 한은미가 그들의 초청으로 에뚜알 클럽의 특별 회원이 되었다. 인생에서 "만남"이란 인연이 얼마나 소중한 보람인가를 터득했다.

에뚜알 클럽도 한 달에 한 번, 샤틀레 광장 동상 앞에 있는 카페 2층 방에서 모였다. 거의 전문직 여성이어서 저녁에 모였다. 모두 의욕적이어서 모이면 시끄러웠다. 끝나면 각자의 식사비를 거두어서 냈고 여러 가지 행사를 위해서 그때그때 그 비용을 걷었다.

그때의 인연으로 내가 1990년에 귀국하고 2년 뒤인 1992년 3월 파리 에뚜알 클럽의 정식 초청으로 나의 작품만으로 구성된 "어린이 에이즈 환자 돕기 자선 음악회"를 하였다. 초현대 퐁피두 건물의 옆 골목 안에 있는 파리에서 가장 오래된 성 메리Saint Merri 성당에서 "이영자의 작품연주회"를 하였다.

3월의 춥고 음산한 날씨였으나 파리 존션들의 예매로 많은 관객으로 성황을 이루었다. 3편의 작품으로 그 당시 파리 국립고등음악원에서 공부하던 하프 전공의 막내딸과 소프라노, 피아노, 플루트 전공의 한국 학생들이 열연하여 성공적이었다. 파리 존션들의 정성 어린 노력으로 일만 불 기금을 마련하여 며칠 뒤 그곳 회장, 임원들과 같이 파리 시내에 있는 투루쏘 어린이에이즈병원을 찾아 기탁하였다. 뿌듯한 감동이 내 가슴을 적시는 행복한 날이었다. 그 경험이 훗날 내가 ZISVAW를 시작하는 사랑을 싹트게 하는 계기가 되었는지도 모른다.

1998년 5월에서 2000년 4월까지 나는 서울 I클럽 회장이었다. 그해 6월 말, 국제 존타 제54차 세계대회가 프랑스 파리에서 개최되어 나도 한국 대표로 참가했다. 한국에서 이연숙, 김인규 회장과 함께 20여 명이 참가했다고 기억된다. 그 세계대회에서 처음으로 ZISVAW 기구가 공식으로 결실을 얻었다.

우리 일행은 아침이면 호텔 밖 카페에 모여 앉아 차와 크루아상으로 담소 나누고 시간 나면 삼삼오오 무리 지어 센 강 가를 걸어 유명한 뽕네프다리 Pont Neuf, 금빛으로 빛나는 알렉산더 다리 Pont Alexandre를 산책하며 즐겼다. 떠나기 전날에는 센 강을 도는 유람선을 타고 아름다운 파리의 야경을 보며 만찬을 즐기고 호화롭게 환상적인 파리를 감상하였다. 파리 에뚜알 클럽 존션 집에 초대된 저녁 파티의 참석은 특히 인상 깊었다.

우리 일행 10여 명의 동양 여성이 무리 지어 전철을 갈아타고 그 장소를 찾았다. 크지 않고 평범한 한 존션의 가정집 구석구석은 우리를 위한 성의 넘치는 음식으로 가득했다. 넓지 않은 집에서도 맛있고 멋있는 파티를 할 수 있다는 것을 보고 감동했다. 전형적인 프랑스 가정의 정감 어린 순박한 삶의 모습은 고마움과 감동을 넘은 행복을 안겨주었다. 돌아오는 길, 화려한 거리 샹젤리제에서 프랑스의 유명한 남자 영화배우 알랭 들롱이 매일 들른다는 유명한 카페 푸케Café Fouquet에 우리 모두 앉아 비싼 커피도 마셨다.

다음 날 저녁에는 유명한 싸크레 꾀르Sacré-Coeur 성당을 방문하고 세계의 화가들이 모여드는 몽마르트르 언덕을 찾아 와인과 맥주로 즐겼다. 파리에서 공부하고 에꼴 노르말 교수로 재직하고 있는 안영신 교수가 우리를 초대해 주었다.

1999년 11월 29일, 존타 서울 I클럽 주최로 ZISVAW 기금 마련을 위한 갈라Gala 디너를 하였다. 롯데호텔 볼륨에서 오백 명 가까운 손님을 초청하고 한국 페스티벌 앙상블의 협찬으로 "못 말리는 음악회"를 하였고 협찬도 받아 오천만 원의 기금을 마련하였다.

롯데 장학재단 이사장인 노신영 전 국무총리의 협찬, SBS의 윤세영 사장의 협찬, 세방여행사, 한국 도자기, 호원당, 한독 피아노, 가천 의대 길 병원, 선진 종합 디자인 등 지금도 생각하면 감사할 뿐이다.

2000년 3월 16일, 프레스 센터 홀에서 "아동학대와 성폭력 방지"라는 주제로 ZISVAW 심포지엄을 가졌다.

1. 한국 성폭력 상담소 최영애 소장의 "성폭력에 노출된 여성과 미성년의 현황과 대책" 2. 종암경찰서 김강자 서장의 "미성년 윤락 현황과 그 대책" 3. 서울지방검찰청 서부지청 박계현 검사의 "성폭력 범죄 관련 법률 및 성폭력 범죄의 현황"의 주제와 토의였다. 그 얼마 뒤, 김강자 서장이 서대문경찰서로 옮겼고 그의 초청으로 서

대문경찰서의 특별 행사에 초청받아 혼자 갔었다.

그 행사는 "여성과 어린이의 성폭력 예방행사"로 방지 대책회의도 함께 했다. 행사의 정점은 성폭력의 현실을 연극으로 만들어 보여주었다. 한 가정의 몰락, 술에 취해 사는 아버지의 학대에 가출한 어머니, 친딸을 강간하는 등 인면수심의 처절한 현실을 보고 참담함과 분노에 아연실색했다. 내게 그 후유증은 오래갔다.

그 시절, 또 한 분의 여성 경찰서장이 있었다. 이름은 잊었지만, 삶의 바다에서 고통받는 여성의 현실을 직시하는 그 노력에 눈물겨웠다. 그분은 미아리 사창가 소탕에 뛰었다. 그 당시 경기도 양평 경찰서장이어서 I클럽 이승자 존션을 대동하고 내가 운전하여 양평 경찰서를 찾아 그의 노력하는 모습, 여성이기에 더욱 괴로워하는 모습을 보고 돌아왔다.

사창가 소탕이 가능한 사회인가 나도 고민에 빠졌다. 사창과 공창도 생각했다. 내가 살았던 네덜란드 암스테르담의 아름다운 운하 옆의 홍등가 거리가 생각났다. 이 문제는 쉽게 해결되는 상황이 아닌 것 같아 마음이 오랫동안 편치 않았다.

새로운 천년을 맞아 여성의 복지와 대우도 희망으로 가는 듯했으나, 아직도 우리는 많은 문제를 안고 있다. 2000년을 맞이하고 성폭력 상담소인 "열림터"를 찾아 오늘까지 연 2회 작은 도움을 주고 있다. 2002년에는 "헬렌의 집(장애인 성폭력 피해자 모임)"에도 연 2회 방문했으나 3년 뒤 정부의 지원을 받게 되어 우리의 도움은 끝났다.

나는 ZISVAW 위원장을 6년쯤 하고 이영애, 이영림, 이화정, 서명

숙 위원장을 지나 지금은 김선미 위원장이 맡고 있다. 그들에게 많은 도움을 주지 못했지만, 마음 가득 사랑으로 봉사하고 있다. 존타의 목적인 "여성의 법적, 정치적, 사회적 환경에 따라 여성의 삶의 향상"을 위해 순수한 정신과 노력으로 가고 있다.

ZONTA는 나 개인의 삶에도 많은 사랑을 주고 있다. 2002년, 2008년, 그다음에도 나의 작품 발표회 때 기꺼이 후원으로 기둥 되어 주었고, 2002년에는 존타 기금마련 음악회로 많은 기금은 아니나 음악회 티켓 판매로 기금을 보태기도 했다.

이렇듯 ZONTA 서울 I 클럽은 내게 삶의 보람과 행복을 안겨주었다. 지나온 날들의 크고 작은 일들이 더러는 성공적이고 어느 구석은 시행착오를 겪기도 했지만 50년을 꿋꿋하게 노력하여 화목하고, 끝없이 100년을 향해 가고 있음이 보배롭다.

내 30주년 근속상을 향해 아흔 살 넘어서라도 정직과 신뢰, 사랑으로 전진하고 싶다. 올해의 역사적인 50주년을 함께 하는 모든 존션께 건강과 행복을 빌며 마음 깊이 갈채를 보낸다.

내 생애의 둥지는 이화

아스라이 멀리 있는 내 삶의 보석함을 열었다

'한가람 봄바람에 피어난 우리. 성인이 이름 불러 이화라셨다.
거룩한 노래 곱게도 나니 황화 방 안에 천국이예라.'

보석함에서 나오는 노래는 내 온몸을 송두리째 격동의 그 옛날 자리에 세워주었다. 1950년 5월 10일 강원도 촌티를 내며 이화여대 예술대학 음악학부 피아노 전공으로 입학식을 했다. 피아노도 집에 없고 부모님의 맹렬한 반대도 우겨가며 쓸모없고 사치라는 피아노 공부를 왜 선택했는지, 지금도 답은 없지만 누군가가 내 등 뒤에서 보이지 않는 강한 힘으로 밀어주었다.

진관 기숙사에서 꿈같던 생활 한 달 반 만에 그 행운도 6·25라는 날벼락 같은 폭탄을 맞고 산산이 깨어졌다. 대구에서, 부산에서, 이리(정읍), 군산에서, 강원도에서…. 음악 예술로 사회정화를 꿈꾸던 우리는 전쟁의 처참함 속에 내던져졌고 가족들과 만나기 위해 춘천으로 홍천으로 횡성으로 다시 서울로 걸어 9·28 연합군을 맞아 처절한 만세를 불렀다.

살아남았다는 기적 같은 존재감에 하늘을 찌르는 행복과 감사에 피를 토하듯 기도했다. 그때 나는 피아니스트의 꿈을 접고 창작 음악으로 영혼에 스며드는 슬픔과 고통을 치유하는 "작곡"을 하리라고 맹세했다. 1·4 후퇴, 부산은 인산인해로 인간 지옥 같았다.

1951년 가을, 부산 대신동 끝에 천막치고 이화가 개교할 땐 나는 1학년을 건너뛰고 2학년 2학기였다. 서울의 아름다운 캠퍼스는 4학년 2학기를 다니고 쫓겨나듯 졸업했다. 버스 타기도 어려웠던 시절 우리는 전차로 서대문까지 와서 북아현동 고개를 걸어서 이화의 본관 뒤 언덕에서 내려가곤 했다.

그 시절 북아현동 길은 서대문에서 내린 학생들이 다들 모여들어 걷기조차 힘들었다. 지금 생각해도 64년 전 그 모습은 장관이었고, 내 가슴에 향학열을 더욱 강하게 하는 숭고하고 아름다운 광경이었다. 그때 너무 굶어서 뼈만 남았던 북아현동의 젊은이들 모습은 거룩하게 내 삶의 보석함에서 빛을 내고 있다.

1956년 대학원을 마치고 1958년 여름 나는 공부하러 프랑스 파리에 갔다. 서울이 폐허가 되고 암담했던 시절 유학생 국가고시도 보고 140불 학비도 정식으로 받았다. 유학이 나의 두 번째의 불가사의지만 그때도 보이지 않는 힘이 불가능을 가능하게 해주었다.

1961년 봄에 귀국하여 가을 학기에 시간강사하고, 1962년 봄학기에 전임이 되었다. 꿈 같은 나의 청춘은 그렇게 빛과 분에 넘치는 축복이었다.

학창시절 호랑이처럼 무서웠던 김옥길 선생님의 배려와 김영의 학장님의 깊은 사랑으로 귀국한 다음 날로 불려가서 일하라는 명을 받은 행운아였다. 작곡으로는 최초의 여성 유학생이었다. 일주일에 25시간을 맡고 뛰었다.

"시간이 너무 많아 줄여주세요" 했지만 '이화는 박애 정신으로 가르치는 곳'이라 하셨다. 힘들었지만 행복했다. 예술대학이 음악대학이 되고 이화를 빛낸다는 뜨거운 사랑과 신념으로 후배들 앞에 섰다. 그 무렵엔 밤잠 자지 않고 제자들 숙제 봐 주느라 작곡은 쓸 수 없었다.

24시간 동안 오로지 제자 사랑뿐, 나의 정열을 음악으로 써 내려가는 시간은 부족했다. 피, 관, 성, 종, 작, 국(피아노과, 관현악과, 성악과, 종교음악과, 작곡과, 국악과) 등 모든 과에 시창, 청음, 화성학, 대위법과 후가, 관현악법을 가르쳤고, 합창까지 중강당에 모아 놓고 연습 지도했었다.

생각해보면 갚을 수 없을 만큼 많은 은총과 사랑을 받았다. 남편이 외교관이어서 3년에 한 번씩 외국에 나가서 새로운 기법의 공부도 했다. 학창시절 6년과 23년의 교직 생활이 내 삶의 반석으로, 반려자로 보석함 속에서 반짝이고 있다. 이제는 나의 첫 제자들도 고희를 지나고 희수를 바라보고 있지 않을까.

'이화 이화 우리 이화 진, 선, 미의 우리 이화 네 향기 널리 퍼져라
아 우리 이화'

제자들의 이야기

아직도 어려운 작곡단체 돕는 선생님
강순미(작곡 71, 작곡가, 성신여대 명예교수)

이영자 교수님과의 첫 만남은 1967년 입시를 치를 때였었다. 우리 수험생들은 음대 201호(현 대학원관)에서 화성학이라는 주요 과목을 치르느라 진땀을 빼고 있을 때 선생님께서 들어오셔서 휙 한 번 둘러보시고 나가셨다. 그 당시 선생님께서는 무릎 중간 길이의 박스형 모직 원피스에 무릎 아래까지 오는 검은색의 긴 부츠를 신으시고 올림머리를 하신 다소 가느다란 외모를 가지신 상당히 멋진 분이셨다. 졸업 후 선생님께서 1981년에 설립하신 한국 여성 작곡가회에서 활동하면서부터 선생님을 좀 더 가까이에서 뵐 수 있는 기회가 늘었다. 선생님은 후배 여성 작곡가들에게 쓴소리도 주저하지 않으시지만, 또 공모를 통해 작품이 당선되었을 때는 진심으로 기뻐해 주시고 격려해 주시는 따뜻한 분이시다.

선생님은 멋스러우면서도 검소하시고, 또 매우 부지런한 분이시다. 가정주부의 소임을 한치의 흩트림 없이 수행하시는 한편, 후배 작곡가들이 도저히 따라갈 수 없을 만큼 훌륭한 작품을 많이 작곡하셨다. 선생님은 서울시 문화상, 대한민국 예술원상, 3·1 문화상, 대한민국 작곡상 등등 모두가 부러워하는 큰 상들을 수상하시면서 받으신 거액의(?) 상금 모두를 어려운 여러 작곡 단체에 기부하는 쉽지 않은 가치 있는 행동을 보여 주셨으며, 그런 기부정신은 아직도 진행형이다.

이영자 선생님! 부디 오래도록 건강하시고 대한민국 음악계의 등대가 되어 주시옵소서!

선생님은 하늘이 내신 예술가
한혜리(작곡 79, 숙명여대 초빙교수)

나의 오랜 은사이신 이영자 선생님과의 인연이 어언 40년 가까워 온다.

처음 선생님을 뵈었을 때 현재의 나보다 더 젊으셨을 터인데도 그때는 선생님이 너무 어려워서 질문도 제대로 못하고 가까이 곁에 가는 것도 조심스러워 주변을 맴돌던 생각이 난다. 정이 많으시지만 공부할 때는 매우 엄하셨고 공정하게 하셔서 학생들이 편안하게 공부할 수 있도록 배려하셨다.

외교관 아내로서의 직분으로 외국에 나가 계실 때가 있어 4년을 오롯이 배울 수는 없었지만 나의 청년 기서부터의 모든 것을 가족처럼 알고 계시고 보살펴주시는 단 한 분의 스승이시다.

선생님께서는 일제 강점기에 어린 시절을 보내셨고, 해방해서 소년기, 6·25 전쟁 때 청년기를 보내며 암울한 시대를 살아오셨다. 요새같이 부모들의 적극적인 뒷받침은커녕 오히려 음악을 하지 말라는 아버지와 맞서 그 시대에 유학까지 감행을 하신 용기에 박수를 보내고 싶다. 그 때문인지 선생님의 작품에는 한恨이 많이 녹아 있고 작품 해설에도 '한' 단어가 많이 등장한다.

또한 선생님은 우리나라 음악계의 산증인이시다. 여러 작곡 단체들이 태동될 때와 음악계의 발전 역사, 그리고 예술의 보고 같던 명동 다방에서 젊은 혼을 불태웠던 수많은 예술가 등 그 시대를 살지 않고는 체험할 수 없는 귀중한 이야기들을 많이 들을 수 있다.

팔순이 넘으신 연세에도 활발하게 작품 활동을 하시며 요즘도 밤을 새우고 작품을 쓰시고 작품 구상을 하시는 선생님. 선생님은 하늘이 내신 예술가란 생각이 든다.

대한민국 작곡계의 대모, 나의 큰 울타리
심옥식(작곡 82, 숙명여대 초빙교수)

1978년 대학에 입학한 후 나는 다른 세 명의 신입생들과 함께 선생님의 실기 제자로 배정되었다. 새내기인 나는 약간은 두렵고 호기심 어린 마음으로 선생님과 첫 만남을 가졌고 그때 선생님의 첫인상은 상당히 예쁘고 멋지며 매우 당당하시다는 것이었다.

그렇게 시작된 선생님과의 인연은 선생님의 외국 생활로, 그리고 또 나의 오랜 외국 생활로 인해 만남과 헤어짐을 반복하면서 오늘날까지 이어져 오고 있는데 작곡가로서, 교수로서, 외교관의 아내로서, 그리고 세 자매의 엄마로서 그 어느 하나도 소홀함 없이 성공적으로 수행하고 계신 선생님은 인생의 대선배로서 그리고 롤 모델로서 내 인생의 매 단계마다 나아갈 길을 제시해 주고 계시다.

영혼이 담긴 선율들을 엮어내기 위해 고군분투하시며 지금도 매년 여러 편의 새로운 작품들을 발표하시는 선생님은 진정한 의미에서 대한민국을 대표하는 작곡가이시다.

팔순이 지난 요즘도 뾰족구두를 신으시고 길게 머플러를 드리운 채 제자들을 만나러 나오시기 전 날 밤에도 당신은 밤새워 작곡하셨다면서 게으른 제자들에게 특유의 큰 소리로 호통치는 우리 선생님은 지금도 예쁘시고 멋지시며 당당하시다.

(이화여자대학교총동창회 회보 2014년 겨울 제 137호)

왼쪽부터 한혜리(작곡 79), 김창신(작곡 80), 강순미(작곡 71) 동창, 이영자 교수, 방명혜(기악 67) 음대 동창회장, 심옥식(작곡 82), 임경신(작곡 92) 동창

뉴질랜드의 Asia-Pacific Festival에 다녀오면서(1992년)
아세아작곡가연맹(ACL) 한국지부 회장 이영자

아세아 지역 12개국이 해마다 만나서 국제적 교류와 음악문화 발전을 다짐하는 아세아작곡가연맹 제14회 축제대회가 금년에는 11월27일부터 12월5일까지 뉴질랜드의 수도 Wellington과 Auckland에서 있었다. 한국 위원회에서는 예외 없이 참가하여 비중 있는 우리의 음악예술의 현재를 보여주었다. 대표단으로 아세아작곡가연맹 전체 회장이신 이성재 위원장님을 비롯하여 한국위원회의 대표인 필자와 부회장인 서경선 교수, 사무총장의 박재성 교수 그리고 작곡가 대표로 오숙자씨, 젊은 학생 작곡가로 선정된 한양대학의 최정원외 6명이 참가하였고, 민속음악 대표로 대전 연정 국악원에서 사물놀이와 판소리로 6명이 Korea Foundation의 지원으로 참가하게 되어 지난해보다 더욱 값진 행사였다. 90년 봄에 일본에서 있었고 작년에는 필리핀에서 소규모로 치러졌고 내년, 93년에는 15차 대회를 대전 Expo와 때를 같이하여 한국에서 열릴 예정으로 우리는 그 준비로 뛰고 있어 이번 행사는 93년을 위해서 우리에게 많은 것을 배울 수 있는 좋은 기회였다.

뉴질랜드는 정말로 우리나라와는 너무나 멀리 있는 곳이었다. 우리 일행 6명은 11월 25일 대한항공으로 서울을 떠나 26일 오후에 수도 Wellington에 도착하였다. 비행시간은 15시간이면 되는 것을 Sydney에서 예약한 비행기를 지각하여 놓치고 Auckland를 거쳐 Wellington으로 갔을 땐 거의 서울을 떠난 지 24시간이 지나있었다. 유럽을 왕복할 수 있는 시간에 우리는 남으로 남으로 멀리 떨어져 외로운 태평양의 작은 섬나라에 도착한 것이다. 우리보다 뒤 비행기로 도착예정이던 사물놀이 팀이 우리보다 먼저 숙소인 Victoria 대학 기숙사에 도착해 있었다. 정말 24시간 만에 그림처럼 조용하고 아름다운 곳이었다. 오늘날 공해를 모르는 작고 조용하고 자연의 향기가 물씬 나는 작은 수도였다. 여름옷을 입기에는 차가운 우리나라의 가을 날씨였다. 우리의 도착을 위해서 대사관에서, 교민회에서 꽃다발까지 들고 마중 나와 준 것은 정말 상상외의 대환영이었다. 시간은 서울보다 4시간 앞서고 있었다. 그날 저녁은 대사관에서 우리 일행 12명을 모두 중국집에 초청환영으로 푸짐한 성찬을 맛보았다.

다음날 27일부터 행사는 시작되었다. 이번 Festival은 현대음악작곡가들의 세미나와 작품연주, 각국 민속음악의 대향연으로 조직되었다. 열두 나라에서 80여명의 작곡가와 민속음악 group이 모였다. 주로 아침 9시부터는 Victoria대학에서 현대음악 세미나로 시작됐고 12시 30분, 5시, 저녁 8시로 3번씩 St. Andrew 교회에서 음악회, 민속춤과 민속 원주민의 옛 노래들이 있었다.

민속음악과 춤으로는 우리나라의 사물놀이와 판소리로 춘향이를 노래하고 터키의 춤과 노래, 인도네시아의 가메란 음악, 인도의 춤,

뉴질랜드 원주민 Maori족의 노래와 춤, 호주 원주민의 춤과 노래, 중국 북경 오페라단의 마치 곡예사 같은 춤과 노래, 필리핀의 춤 그리고 Jazz 음악이었다.

28일 낮1시에는 시내 중심 번화가에 있는 공원에서 우리 사물놀이 팀의 야외 연주가 있었다. 많은 교민들이 한복을 입고 나와 주어 공원은 마치 우리나라의 추석을 방불케 했다. 그리고 우리 일행은 시민회관 광장으로 자리를 옮겨 그곳에서 교민들의 제기차기와 윷놀이 판을 벌려 많은 외국인들과 정겹게 어울렸다.

저녁 6시부터는 Wellington 시장의 축하연이 문화센터에서 있었다. 대사님을 비롯하여 한복 입은 모습들이 눈에 띄었다. 시장 환영사에 이어 Maori 원주민의 원시적인 모습과 노래로 시작되었으며 그에 답으로 우리 판소리 최영란 양이 즉흥으로 감사하다는 뜻을 판소리로 노래하여 인상적이었다. 환영사에 이성재 위원장의 답사도 있었다. 의외로 여 시장은 선거로 당선된 지 한 달된 세 자녀를 둔 가정주부였다. 8시부터는 그 곳 큰 음악홀에서 뉴질랜드, 시드니 관현악단의 연주가 있었다. Program은 John Elmsly(뉴질랜드), Ikebe Shinichiro(Japan)의 교향곡 III번, Jeshica Chan(홍콩), L. Subramaniam(인도)의 작품이었다. 이 인도 작곡가의 작품은 인도의 전통음악 Raga의 선율로 쓰여진 Violin 협주곡으로 작곡가 자신의 연주로 연주되었다. 관현악단의 중앙에 긴 책상을 내놓고 그 위에 앉아 Violin을 연주하고 다른 두 명의 인도인이 전통악기로 연주하여 동서 아세아, 태평양의 만남과 하나 됨을 시도한 듯한 이색적인 작품 연주였다. 더구나 그날의 지휘자는 영국 국적의 여성지휘자였다. 그녀는 쿠바 출신으로 1984년 최초로 영국 BBC Orchestra

를 지휘한 여성이며 또한 작곡가이다.

현대음악 창작발표회는 관현악의 밤을 시작으로 30일 타악기 앙상블의 밤, 12월 1일 Cadenza의 밤, 12월2일의 Zelanian 앙상블의 밤, 12월 3일 뉴질랜드 현악사중주 Young Blood Karlheinz Company의 연주가 있었다. 이 창작발표회 타악기 앙상블의 연주에는 우리나라 창작곡 홍나미의《Flute과 2인의 타악기를 위한 곡》이 연주되었고 Cadenza 밤에는 서경선의《水國에서》와 오숙자의《念》이 연주되었다. 12월 1일 5시 30분 Concert에서 재미음악인 김진희의 전자 거문고의 즉흥 연주도 눈에 띄는 음악회였다. 뉴질랜드 현악사중주 연주회에서 우리나라 출신 재미음악인 김진희 씨의《현악사중주》가 연주 되었고 Karlheinz Company에서는 젊은 작곡가의 작품연주를 우리대표 최정원의《5人을 위한 앙상블》이 연주되었다. Sonic Circus에서는 조인선의《Baral IV》가 연주되었다. 이 현대음악의 연주에서 돋보이고 이색적이었던 것은 Sonic Circus였다. 이름 그대로 "원형극장의 음파"로 오후 5시부터 밤 10시30분까지 Victoria대학과 학생회관 건물에서 거의 동시에 26개 그룹의 소리의 향연을 보고 들을 수 있었다. 예를 들어 5시 정각에 6교실에서 클라리넷 group의 2중주, 3중주, 4중주가 있었고 21교실에서는 작곡가와 타악기 주자의 컴퓨터 음악과 생음악의 상관성을 실험하는 음악회가 있었다. 또 5시45분에는 지하실의 7교실에서 뉴질랜드 현악사중주단의 연주로 뉴질랜드 작곡가의 작품이 연주 되었고, 같은 시간 13번 교실에서는 클라리넷의 중주로 뉴질랜드 작곡가와 한국의 조인선의《Baral IV》의 클라리넷 4중주가 발표되었다. 6시에는 정원에서 인도네시아의 가메란 연주회가 있었고 같은 시간 22번 홀에서는 리코더의 현대작품 연주가 있었다. 호주 작곡가와 Miki Ishii(일본)의 작품이 연주 되었다. 동시에 흩어져 연주되는 음악회에 이 방에 3분, 저 방에 5분, 이 홀, 저 홀 20여개의 동시 음악 연주 대향연에 내 몸과 마음이 찢어지는 쾌감! '나는 무엇을 듣고 무엇을 보았나…' 천국과 지옥을 동시에 왔다갔다 찢기는 흥분의 시간을 처음으로 맛보았다. 나는 행복 가득했다.

6시 30분에는 3번 홀에서 인도네시아 수마트라의 춤음악이 있었고 8번 홀에서는 전자음악으로 캐나다, 대만, 호주의 작곡가의 작품이 발표되었다. 또한 11번 홀에서는 큰 북 그룹의 일본의 큰 북 두 대 놓고 치는 큰 북 리듬의 향연이 있었다. 네 명의 북 주자가 일본 리듬, Festival 리듬, Closing 리듬, 뉴질랜드의 리듬을 들려주었다. 많은 사람들이 마치 시장 속을 거니는 것처럼 복세 떨며 샌드위치를 들고 먹고 마시며 음의 향연에 빠져 걸어 다녔다. 7시 정각에 정원에서 한국의 사물놀이의 향연이 갈채를 받았고 7시 반에는 1번 홀에서 Island Drum의 연주가 있었고 8시에는 9번에서 뉴질랜드 타악기 앙상블의 연주가 있었고, 15번 홀에서는 관악기 연주회, 8시 30분에는 5번에서 다시 가메란 음악을, 10번에서 전자음악을, 19번에서는 라틴 아메리카의 리듬과 춤음악이 있었다. 9시에는 다시 4번 정원에서 우리의 사물놀이가 재연되었고 12번에서 일본 큰 북과 Clarinet 그룹의 연주, 16에서 Drum 연주, 20에서 Asia-Pacific Jam, 26 홀까지의 음향이 동시에 많은 사람의 청각과 시각과 촉각을 완전히 사로잡았다. 이번에 느낀 것은 섬나라의 사람들은 유난히도 타악기에 예민하게 깨어 있었다는 것과 목관 악기, 특히 Flute과 Clarinet을 애용하고 연주에 뛰어난 것을 알 수 있었다.

이번 음악제에 선정된 한국 작곡가의 작품에서 조인선의《Clarinet 사중주》, 서경선의 타악기와 Piano와 Horn을 위한《水國에서》, 오숙자의 Clarinet 독주를 위한《念》, 홍나미의《Flute와 타악기를 위한 음악》이었다. 또 우리 위원회에서 선정해서 보낸 작품 최정원의《5人 주자를 위한 앙상블》도 Piano와 트럼펫, Trombone 그리고 타악기를 위한 음악이었다. 미국에 있는 음악인 김진희의 현악사중주도 아주 좋았다. 이번에 참석한 우리나라의 모든 작곡가가 여성이라는 점에 감사했다. 작곡가의 Conference는 11월 29일부터 12월 3일까지 Victoria 음악대학에서 있었다. 오전에는 4개국씩 Country Report 발표가 있었다. 29일에는 중국, 홍콩, 대만이었고 30일에는 태국, 한국, 일본, 1일에는 인도네시아, 말레이시아, 필리핀, 2일에는 싱가포르, 호주, 뉴질랜드였다. Country Report는 90년도에서 92년도까지 각 나라에서 있었던 음악행사를 보고하는 것으로 우리 한국은 박재성 교수의 작성으로 video를 곁들여 실감 있게 보여주었다. 그리고 연 3일 동안 오후에는 "음악의 국경을 넘어서"라는 논제를 놓고 열띤 토의를 벌였었다. 12월 3일 아침은 9시 30분부터 "음악속의 여성들"이라는 주제를 놓고 짧은 주제 발표와 토의가 있었다. 두 가지 주제는 1) "여성의 감성이 작곡에 있어서 어떤가"와 2) "여성 창작인의 당면 문제"였다.

4명의 발표자는 필리핀의 Kasilag 카시라그 여사, 중국의 Shyh-Ji Chew, 뉴질랜드의 Gillian Whitehead와 한국대표로 필자가 담당했다. 주어진 두 가지의 주제는 먼저 "여성의 예민한 감성이 음악에 영향이 있을까"와 "여성 창작인이 당면한 문제"였다. 각자 자기들의 생각을 요약해서 피력하였다. 나는 여성 창작인에게 있어서 감성은 크게 좌우되는 것이 아니고 개개인의 미학적 바탕위에 얼과 깊이를 더한 음악언어로 창작함으로 성적으로 감성의 차는 없다고 했다. 또한 당면한 문제로는 음악의 역사를 더듬어 봐도 남성 못지않은 많은 여성 작곡가들이 있었지만 예나 지금이나 변함없는 부권적 사회 제도로 인해 빛을 못 보는 진정한 여성 창작인을 위해 사회가 문을 열어야 하며 또한 여성 음악학자가 많이 나와서 여성의 이름도 음악사 속에 다뤄야 한다고 역설했다.

그날 이후 나는 Strong Woman이라는 애칭도 달았다.

그 날은 Wellington에서의 마지막 날이어서 오후에 우리 일행은 한국 교민들의 초청을 받고 교민회 부회장댁 정원에 모여 불고기, 양고기로 성대한 환송 파티를 벌였다. 사물놀이 팀이 정원에서 연주하고 다 함께 노래하고 고향을 그리는 그들의 가슴에 잊을 수 없는 정을 나누어 주었다. 다음 날 4일 아침, 윤영엽 대사님과 교민들의 환송을 받으며 Auckland의 행사를 위해 작별하였다. Auckland 대학의 기숙사에 짐을 풀고 곧이어 Town Hall에서 저녁 Concert의 연습을 보았다.

Auckland에서는 5시부터 "Women in Music"으로 Auckland 여성 실내악단의 연주가 여성 지휘자인 Odaline de la Martinez의 지휘로 있었다.

6시 30분부터는 Auckland 시장 주최의 축하연이 있었고 8시부터 마지막 행사인 젊고 새로운 세대의 작곡가의 작품으로 8명의 25세 미만의 작곡가의 작품을 발표하여 그 중에서 가장 좋은 곡을 선정하여 상을 주었다. 우리나라의 최정원의 "5人의 주자를 위한 앙상블"도 연주되었다. 대만, 말레이시아, 태국, 필리핀, 일본, 홍콩, 한국, 호주였다. 그 날의 대상은 일본의 여학생이 차지하였다.

그날 밤 음악회가 끝난 후 우리 아세아 지역 모든 대표들은 International House의 큰 방에서 주최국이 베풀어주는 마지막 송별회를 받으며 밤늦게까지 마시며 담소하며 93년도 서울대회를 위해서 여러 가지 의견도 나누며 흥겹게 보냈다. 그리고 다음날 5일 아침 각각 자기 나라로 돌아갔다. 우리 일행 6명은 또 Sydney를 거쳐 KAL에 올랐다.

국제대회의 많은 어려움을 보고 느끼며 내년 우리대회를 좀 더 짜임새 있고 알차게 꾸며 갈 것을 다짐하며 돌아왔다.

이번 대회에도 많은 실무 후원자로 뉴질랜드 정부 지원, 우리나라 윤영엽 대사님을 비롯, 인도네시아 대사, 태국 대사, 중국 대사, 필리핀 대사, 대만 대사, 호주 대사, 말레이시아 대사, Wellington 여 시장들의 협찬에 많은 감동을 받고 귀국했다.

제4부
버림의 철학

빈 악보를 물고 가는 새

  나는 지금 잔잔한 바다에 드리워진 낙조처럼 인생의 황혼 역에 서 있다.
  칠십을 반도 넘은 나이에 시대의 급물살에 밀려 떠내려가는 듯한 기분마저 든다. 지나온 세월에 강산도 여러 번 바뀌었고 진부한 시대를 살았던 것 같은 착각마저 든다. 지금까지 한결같은 자세로 내면의 소리를 찾아 창작 음악을 쓰고 있음은 큰 축복이다.
  언젠가는 얼어붙었던 강이 풀려서 바다로 흘러가듯 늙고 병들어 죽음의 바다로 흘러가지 않겠는가. 이제 살아온 날보다 남은 날이 길지 않음을 실감하며 인생 항해의 닻을 내리는 순수한 마음으로 작곡을 한다. "인생은 짧고 예술은 길다"라는 명언은 지나간 시간과 관계없이 나를 일깨우는 푸른 종소리이다. 빛바랜 나의 정열이 아직도 연연하게 타고 있음에 감사하며 뒤를 돌아보게 된다.
  예술은 순수하고 순정적인 영혼의 소유자만이 할 수 있는 고된 밀실 작업이다. 없음에서 있음으로 쏟아내는 보석 같은 심연의 철학이다. 그렇게 탄생한 예술만이 온 누리 만물에 정화를 주며 안식을 준다. 나의 예술관 속의 미학도 같은 무게를 지니고 있다.

 나는 일본 강점기에 강원도 원주에서 태어났다. 나라 잃은 설움도 부끄러움도 모른 채 일본 이름으로 바꾸고 우리 말을 사용할 자유마저도 빼앗기며 자랐다. 어깃장 놓은 듯한 인생의 굴곡은 불행한 미래를 가져다준 것만은 아니다. 1940년 초등학교 삼학년이던 어느 날 일본인 음악 교사의 권유로 피아노 악보 읽기와 노래를 배우기 시작했다.

 1945년 일본이 패망하고 우리나라는 36년 만에 잃었던 나라를 다시 찾아 사람들 마음이 환해졌다. 그러나 나의 마음은 가볍지 않았다. 그해 8월 스승은 내게 유언처럼 음악 공부를 계속하라고 권유를 하고 패잔병처럼 일본으로 떠났다. 그것이 나와 음악의 만남이었고 스승과 영원한 고별이었다. 나는 지금도 그때를 회상하며 스승의 말 한마디가 하느님의 계시가 아니었을까 하는 생각을 한다. 운명처럼 다가온 기회가 나에게 음악 인생을 살게 했기 때문이다.

 예술의 천재들은 태어날 때 하느님이 주는 예술의 보자기에 싸여 태어나는 것 아닐까. 그 스승은 내 주먹 속에 보이지 않는 아주 작은 음악 씨앗을 심어주고 갔다고 믿고 산다.

 당시 시대적 상황은 유교적 사상이 짙어 여성의 교육 기회가 적었다. 더욱이 내가 성장한 곳은 도시가 아닌 강원도 산골이었기에 음악가를 꿈꿀 수 있는 여건이 아니었다. 나는 하얀 백노지에 다섯 줄을 긋고 펜으로 어설프게 악보를 옮겨 적으며 피아노 공부를 하였다. 무엇보다 기적과도 같은 운명적 행운은 너도 나도 어렵게 살던 시절, 음악 공부는 절대로 안 된다는 부모님을 설득한 것이다. 도대체 무엇이 나를 높은 음자리표 위에 올려놓았는지 내 의지 밖의 움직임이 나를 이끌어 준 셈이다. 오늘까지 음악에 갇혀 먹고 숨 쉬며 사는 것뿐 아니라, 때로 삶의 악보를 보는 즐거움도 있다. 날마다 병풍 같은 음악 밭에 나가서 음악 나무들이 자라는 것을 보면 자식보다 보배롭고 고맙다.

1950년 5월 불가능을 이겨내고 당당하게 서울의 이화여자대학교 음악대학에 입학을 하였다. 나는 개천에서 용이 나는 듯한 기분이었다. 청운의 뜻을 품고 탈출하듯 서울에 깃들어 꿈 같은 학교생활을 하였다.

학교에 입학한 지 한 달 뒤 생명 있는 것들을 모조리 죽일 것처럼 쏟아붓는 총성 소리가 들렸다. 한국 전쟁이 터지고 나의 기쁨도 빼앗아 가 버렸다. 6월 25일부터 9월 28일까지 96일 동안 나는 하늘 아래에 살아 남기 위하여 처절한 시간을 보냈다. 내 몸 하나 누일 곳도 없는, 불안과 절망의 공포 속에서 굶주리며 삶과 죽음을 넘나들었다.

한낱 구르는 돌멩이처럼 강원도의 이곳저곳을 헤매며 생의 마지막 고갯길을 넘는 기분이었다. 오직 살기 위하여 안간힘을 썼던 내 열아홉의 청춘은 지금도 상처투성이로 남아있다. 그때 내가 얻은 진리는 절망의 밑바닥에서도 솟아나는 한 줄기 빛은 분명하게 존재한다는 신념이었다. 만약에 총탄 속에서 살아만 남는다면 재현 예술인 피아니스트의 꿈을 접고 삶의 고뇌를 창작 음악으로 표출하리라고 결심하였다. 그 순간 절망의 바닥에서 전율이 일고 가슴 속 깊은 곳으로부터 음악이 강렬하게 밀려오는 것을 느꼈다.

소프라노 색소폰처럼 끝의 소리는 스스로를 찌르는 뜨거움과 아픔이 숨어있다. 고통에서 탄생한 음악 역시 더 많은 사람에게 자유와 치유를 줄 것이라는 생각이 들었다. 마음의 평화를 잃어버린 사람들에게 빛과 희망을 줄 수 있다면 이보다 더 큰 행복이 어디 있을까. 내 마음속 음악의 열정은 이른 봄에 피는 산당화 꽃보다 더 화려하게 피어났다.

1953년 한국 전쟁은 종전되고 폐허가 된 서울이 옛 모습을 다시 찾아갈 무렵인 1958년, 나는 세계를 향한 음악의 꿈을 품고 서울과 작별을 하였다. 여의도 간이 비행장에서 프로펠러 비행기를 타고 프랑스 파리로 유학을 떠났다. 48시간 동안의 긴 비행 끝에 음악 숲으로 가는 길을 찾은 셈이다. 불가능을 가능케 한 꿈 같은 환상이며 기적이었다.

내 음악은 엄격한 전통 양식 속에서 시대에 따라 변천하는 순수예술 바탕 위에 청각적 시각적 공간적인 미학을 탐구하여 표현한다. 1950년 나의 20대는 20세기의 한복판을 통과하고 있었다. 그 당시를 세계 음악사를 비춰 보면 후기 낭만파에서 근대음악으로 전환하는 시기였다. 제2차 세계대전 후에 새로운 음악 양식으로 도약하면서 전위음악의 조류가 다양한 모습으로 발돋움하기도 하였다. 우리나라 창작 음악도 이러한 현대음악으로 변해 가는 과정에서 태동기를 맞았다. 서양 음악이 도입된 지 약 반세기가 지났으나 동양의 유교적 봉건적 사상에 짓눌려 비약적 발전은 어려웠다. 더구나 한국 전쟁으로 황폐해 진 사회에서 순수예술 음악이 태동했다는 것은 기적에 가깝다. 역사의 시발점은 언제나 남루하기 마련이다.

1961년 여름 귀국하여 모교의 교단에서 후배를 지도하면서 음악가로서 가슴 뿌듯한 행복에 젖어 망망대해 같은 음악 바다로 노를 저어 갔다. 1970년대 초 아세아 작곡가 연맹을 결성하고 그 일원으로 아세아 8개국을 다니며 현대음악에 한국적 사상을 심기 위하여 황망하게 보냈다. 1981년 봄, 뜻을 같이하는 후배들과 한국여성작곡가회를 창립하여 마른 가지를 집요하게 흔들어대는 바람처럼 살았다. 지금은 200여 명 가까운 회원들의 작품이 세계 곳곳에서 활발하게 연주되어 한국의 혼을 심고 있다.

그동안 많은 시행착오와 시대를 앞서가는 새로운 지표를 찾으려고 무던히도 방황하였다. 순수예술 음악이 사양길에 접어들고 퓨전 음악, 크로스 오버 음악, 영상 음악, 전자 매체 음악, 뮤지컬 등이 새로운 옷을 입고 등장하였다.

그것은 한때 시대적 변천에 의하여 생산된 한시적인 것으로 쇠퇴해 가리라고 본다. 반면 긴 역사와 전통이 깊이 뿌리 내린 순수예술 음악은 시공을 초월하여 빛을 더 할 것이다. 지구의 영원한 동반자로 끝없는 감동과 삶의 깊이를 더 해 주리라 믿는다.

21세기 음악이 어떻게 펼쳐질 것인지는 아무도 모른다. 20세기 음악을 역사적 논의로 결정지을 수 없듯이 작곡가들의 음악 양식은 새로운 다양성으로 성장해 갈 것이다. 노년의 내 음악은 어디로 갈 것인가. 삶의 끝까지 나를 괴롭히며 치유해주는 과제일지도 모른다. 나는 여전히 반세기 넘게 거듭된 내 음악의 시발점의 순수성으로 새로운 음악을 만들며 청중과 함께 가기를 거부하며 한발 앞선 자리에서 시대성을 지닌 새로운 음악을 만들어 갈 것이다. 빈 악보를 물고 가는 새처럼 때로는 허무를 곱씹으며, 때로는 희열을 삼키며 오선 위에 내 영혼을 쏟을 것이다.

롱비치 겨울 바닷가에서

한 교수,
출근하는 딸이 나가면서 "알렉사, play Olivier Messiaen!" 명령하고 나가자 바로 메시앙의 《Oiseaux Exotique》가 흘러나왔다. 전혀 기대하지 않았는데 새 소리가 들려서 놀랐다. 정말로.

지난 12월 중순 이곳 Long Beach에 도착한 다음 날 아침, 눈 비비며 살롱에 나오니 딸이 아침을 준비하는데 그 공간에 가득 울려 퍼지는 쇼팽의 녹턴, 그것도 내가 제일 좋아하는 F#장조의 선율이 너무나 감미로워 여기가 천국인가 지상 낙원인가 매우 행복한 순간이었다. 오디오도 없는데 어디서 나오는 음악인가 물었더니 빵 굽는 토스터 옆에 8센티 지름, 길이가 20센티 안 되는 원통이 하나, 그 원통에서 음악이 싱싱하게 나오고 있었다.
'마법의 원통' 아마존이라는 회사에서 만든 Echo라는데 음악뿐 아니라 이 세상 모든 분야의 시사 해설에서 비밀로 하고 싶은 소문까지도 상세히 알려주는 만능 백과 사전적 기계로 맥주 깡통보다 약간 더 큰 마법의 성이다.《이국적 새》가 끝나고 이어진 음악은 우연히도 메시앙의《세상의 종말을 고하는 사중주》8악장이 방 안에 가득 번지며 흘러간다. 클라리넷 독주, 첼로 독주가 나오는 악장은 언제 어디에서 들어도 내 영혼이 하늘 기슭을 헤매며 통곡하며 절규하는 영감을 준다.

메시앙이 나이 40세 2차 대전 때 포로로 잡혀 열악한 수용소에서 고물 같은 조율도 안 된 피아노를 발견하고 그 앞에 앉아 동상 걸린 몸으로《세상의 종말을 고하는 사중주》8악장을 썼다는 게 성스럽다. 음정도 엉망인 클라리넷과 줄도 맞출 수 없는 첼로를 앞에 놓고 그 주자들에게 위로와 삶의 용기를 준다고 솔로곡을 썼다는 영혼, 죽을 수도 있다는 전쟁의 한복판 포로수용소에서 세계 초연했다는 것. 처절함 속, 하느님의 은총 그 이상이다.

내가 처음으로 메시앙 교수를 만난 것은 1958년 겨울이었다. 파리 IV대학 소르본 대학에서 일주일 동안 그의 특강 프로젝트, 그의 나이 50세, 30명 정도의 학생 속에 나도 끼어서 강의는 무슨 소린지 못 알아들었지만, 그의 몸에서 뿜어내는 "새들의 노래" 그의 음악 철학, 미학 강의에 벙어리처럼 앉아 있었던 그 일주일은 천만 불짜리 강의였다. 그의 모습 바라보고 있는 것만으로도 벅찬 축복이었다.

그해 8월 15일 내가 파리에 도착해서 호된 입학시험 치르고 서너 달 지났을 때였으니까 상상되겠지. 나는 일자무식 꿀 먹은 벙어리였지만 그때 느낀 소감은 한 교수가 이해가 되려는지. 너무나 쉽게 메시앙 교수를 만났으니까. 나운영 교수의 얼굴이 일주일 내내 내 곁에 있었다. 마음 한구석 선생님께 송구했다.

전혜린이 보내준 뮌헨 음악학교 수속 밟는 데 강렬하게 파리로 가라고 밀어주신 나운영 나의 스승, 스승이 원했던 자리에 내가 와 있다는 것도 하늘이 주신 천복이었다.

한 교수,
점심 혼자 들고 다시 앉아 TV를 켰다. 화면 가득 프랑스 파리가 나왔다. 와!

무지 반갑다. 파리 샹젤리제극장 Théâtre de Champs-elisée에서 메시앙의《투랑갈릴라 교향곡》10악장이 시작됐네. 오늘의 일진 참으로 대박. 이런 행운이…. 방방 뛰고 싶은 흥분이 나를 안절부절 만드네. 행복의 절정은 어디메인가. 나의 이 기분 한 선생은 알아주겠지. 이제부터 10악장 들으며 롱비치 바닷가 아파트 7층에서 가슴 터지는 대박의 행운에 폭풍처럼 감동과 감사의 눈물 쏟고 있네. 한 교수에게 이 편지 쓰는 나의 마음 알아주리라 믿어요.

10악장의 음악은 1시간 넘게 소요되는데 그 옛날 한 교수가 대학원 논문 썼던 음악, 나는 논문 지도교수였으니 어찌 잊으리오, 그 시절을. 우리 집 지하실에서 메시앙의 음악 어법- 축소, 확대, 바로 가기, 거꾸로 가기. 대칭으로 불규칙으로 리듬의 숫자의 변함을 골 때리게 세어 가며 고생 많이 했던 그 모습이 지금 내 머리에 환하게 보이네. 특히 그때 메시앙의 작곡기법 "리듬 적 등장인물"이라는 기법Personage Rythmique, 1913년 스트라빈스키의《봄의 제전》세계 초연 때 그가 처음으로 그 기법을 썼다고 해서 그 음악을 찾아보고 두 번째로 메시앙이《투랑갈릴라 심포니》에 썼으니까.

"리듬 적 등장인물"이 3성으로 자리하고 A는 같은 리듬을 계속

반복하고 B는 선율의 확대로, C는 축소로 간다는 기법, 그 기법 정복하느라고 우리 둘이 고생 많이 했고 공부 많이 했고 뿌듯한 행복으로 이겨낸 것 몇 번 다시 생각해 봐도 대단한 공부였다.

그리고 1980년에 한 교수는 음대 수석 입학. 졸업, 조선일보 신인음악회하고 우수한 석사 논문 〈Olivier Messiaen에 관한 소고〉로 석사학위 받고 당당하게 다음 해인 1981년 Bruxelles의 왕립음악원으로 공부 떠났고, 나는 1981년 봄에 외교관 남편 발령지 인도네시아의 수도 Jakarta 대사로, 지구 끝으로 우리는 헤어졌다.

그 뒤 더 큰 인연은 1986년 한 대사가 화란Holland 대사로 Den Haag로 날아가서 몇 달 뒤 11월 17일에서 30일까지 하는 〈Messiaen Project에 Bruxelles〉에서 한 교수가 기차 타고 와 대사관저에서 2주 가까이 머물면서 나와 같이 참가하여 공부하고, 나의 딸 한난이가 이본느 로리오(Yvonne Loriod, 1924~2010) 선생과 mester class에서 공부하여 그 project의 저녁 음악회에서 메시앙의 《Les Vingts Regards sur L'Enfant Jesus 아기 예수를 바라보는 스무 개의 눈길》 중 11번 〈Regard De la Vierge 성모 마리아의 눈길〉을 연주했다는 것, 대단한 축복 아니겠어? 만남의 인연치고는 생애에 잊을 수 없는 하느님 사랑 가득 받은 성공이었다.

남은 날은 많지 않아도 받은 축복이 너무 많아 머리를 땅에 박고 천 번 만 번 외치고 싶은 건 "하느님, 마리아님, 고맙습니다. 보답은 이승에서 고통받는 영혼을 위해 아름다운 음악을 죽을 때까지 써서 봉헌하겠습니다."

한 교수 함께 갑시다.

파리에서 부치지 않은 편지

　신 교수에게

파리에 혼자 날아와서 40일이 갔습니다. 아침에 눈 뜨면 베토벤의 《바이올린 소나타 7번 C》,《8번 G》,《9번 크로잇첼》,《10번 G장조》의 4곡을 장장 2시간 들으며 마음 다집니다. 내 삶의 성경책을 두 시간 읽는 그런 성스러운 마음 됩니다. 단연코 베토벤은 최고의 악성입니다. 다행히도 내가 두 달 남짓 빌린 이 아파트의 주인이 음악 애호가였는지 음반 CD가 Bach부터 현대까지 즐비하게 있어 이번 여행에 나를 행복으로 감싸주고 있습니다.

　파리에서도 내가 좋아하는 St. Michel, Odeon 거리, 여긴 Place Odeon 9번지니까 정말 여행자에겐 최고의 숙소입니다. 여름에는 그 Place Odeon에선 클래식 음악 여름 야외 음악회도 함께 하니까 금상첨화인데 지금은 겨울이라 그 광장지기 사자 동상만이 나의 산책길을 지켜주고 있습니다.

　정말 파리는 경이로운 환상으로 사람을 예술 속으로 끌어들이는 신비스러운 힘 있는 도시입니다. 세계에서 많은 유명한 예술인들이 파리로 모여들어 파리를 숨 쉬고 느끼고 사랑하고 갔으니까요. 1900년대 문예 진흥에 지대한 업적으로 세계에 알려졌으니까요. 그래서 동양의 작은 나라 "조용한 아침의 나라"로 불리던 한국에서도 강원도 벽촌 평창에서 자란 촌년인 내가 이곳까지 왔다는 것이 경이롭고 신비하고, 복에 겨워하고 있습니다. 이곳에 있는 내가 현실인가 꿈나라인가 혼자 자문자답, 행복 절정입니다.

아침 식사는 카페 오데옹에 나가서 커피 한 잔, 초콜릿 빵 하나면 충분하고 그 거리를 분주하게 걸어가는 군중 속에 나도 끼어 Blvd St. Germain 거리를 걸어갑니다. 그 넓은 길에 많은 군중에 끼어 Blvd St. Michel과 만나는 곳에 Cluny Musée라는 오래된 성지 같은 건물 안에 들려 나도 바쁜 사람처럼 여기 보고 저기 보고, 1958년 그 무렵 20대의 내가 자주 하던 짓을 그대로 다시 하는 행복. 돈 주고 못 하는 비싼 보물입니다.

옛 형태는 없어도 나 혼자 나를 끌어 안아주는 소중한 경험에 눈물 나는 기도드리고 나옵니다. 파리에서 숨 쉰다는 것 아무에게나 있는 축복 아닙니다. 파리의 에스프리는 글로, 말로 배우는 게 아니고 숨 크게 쉬고 가슴 터지게 느끼는 것입니다. 파리만이 지닌 보이면서 보이지 않는 예술의 향기 맡고 영감받으려고 온다는 게 저의 파리 오는 목적이라면 동의 해주실까요.

매주 일요일 아침에는 성당에 미사 드립니다.

3주 전엔 노트르담 성당 11시 미사 드리고, 그다음 주는 성 제르맹St. Germain 성당에서 11시 음악 미사였고 지난주에는 올리비에 메시앙이 평생 오르간 성 음악으로, 또 즉흥 연주로 60년 봉사하시다가 1992년 82세로 승천하신 성 트리니테St. Trinité 성당을 다녀

왔습니다.

1992년 4월 28일, 나는 우리나라의 공무 출장으로 기적처럼 파리에 도착했습니다. 문교부의 위촉으로 파리 국립고등음악원의 행정, 교육과정 등의 내용을 잘 파악하고 오라는 명령을 받고 Paris에 도착한 날이 메시앙이 돌아가신 날이었습니다.

그때 신 교수도 나와 같은 목적으로 비엔나 음악원 교육과정 연구차 출장 가셨으리라 생각됩니다. 한국에 음악원을 개설 하려는 목적으로 우리 둘이 파견 출장 갔었지요. 우리들의 음악교육 행정 자료가 많이 보탬이 되지 않았을까요. 저는 그때 Alain Weber 교수(음악원 학무처장 역임. 작곡가)를 만나 4, 5일 바쁘게 뛰었습니다. 그땐 컴퓨터도 없고 해서 가방에 가득 행정 서류를 담고 와, 몇 날 며칠 180매가 넘는 분량의 서류를 번역하여 손으로 써서 두툼하게 제출한 생각이 납니다.

홍연택 지휘자를 모시고 신수정, 한양대학의 박재성 교수, 이영자와 4인방이 타워호텔에서 반년 가까운 세월 동안 열심히 회의했고, 우린 그 밑거름으로 음악행정 시찰을 다녀온 거지요. 한국예술종합학교 개원에 이바지한 좋은 경험이었습니다. 한국예술종합학교(한예종)가 개교 했을 때는 홍연택 교수가 아니고 서울대 이강숙 교수님이 학장으로 취임하셨지요.

파리에 오면 꼭 내가 찾아가는 곳 Seine 센 강 기슭에 있는 '미국교회'의 일요일 음악회, Pariscope에 보면 꼭 찾아갈 수 있는 곳, 아무나 들을 수 있는 곳, 오후 5시. 입장 무료. 지난주에는 벨지움의 여성 피아니스트 Julia Herena의 독주회였습니다. 여성적 용모에 남성적 터치랄까 힘차면서 섬세했습니다.

Grieg의 〈8개의 소품〉, 베토벤의 〈32변주곡〉, Federico Mompou의 음악(내겐 소원했습니다), 거슈인의 음악, 끝 곡은 쇼팽의 〈스케르쪼 No. 2〉, 교회에서 클래식 음악 엄숙하게 듣는 것도 겸허하고 좋았습니다.

교회를 나오면서 문 앞에 놓여있는 바구니에 20유로 넣고 나왔습니다. 그 미국교회는 그 옛날 1960년 11월 22일 내가 결혼식을 했던 잊을 수 없는 곳입니다. 인생은 아름다운 추억을 가슴에 안고 끝없는 삶의 항해를 용기 있게 가는 것 아닐까요. 믿음과 소망과 사랑을 바닥에 융단처럼 깔고서….

또 하나 선생님과의 추억

어느 날엔가 내가 딸과 둘이서 카페 deux Magot드마고에 들어갔는데 우연히도 그곳에 신수희 화백과 두 분이 앉아 있어서 반갑고 놀라웠다. 우연치곤 대단한 복이라고 생각하고 옆자리에 앉았는데, 그 전날은 신 화백 그림 전시회 하는 몽파르나스 갤러리를 갔었다. 그때 아무도 없어서 우리 둘이 파란 하늘색으로 삶을 그려내신 신 화백 그림 앞에 한참이나 사색하다 나왔지요. 만남의 인연이 결코 우연만이 아니라고 마음 다지며 살아갑니다.

그리고 내가 Paris에 오면 언제나 꼭 가는 곳 파리의 묘지 방문입니다.

몇 년에 한 번씩 그 옛날 거장들의 무덤 앞에서 그들의 영감을 느끼고 싶어 갑니다. 그들은 모두 죽고 없어도 이름 써 놓은 비석 앞에 서 있으면 그들의 예술혼이 내게로 전달되는 것 같은 착각, 착각 아닌 전달을 느끼는 마음. 그래서 우리 동양식으로 제사 지내는 마음, 숭고하고 내 음악 영혼에 깃들어지는 재능 같은 기분 아닌 사랑 같은 마음입니다.

그날도 일요일이었습니다. Paris에서 제일 큰 묘지 뻬르 라 쉐즈 Pére La Chais 너무 크고 넓어서 묘지 입구에서 지도를 받아들고 찾아 걸었습니다. 여러 번 왔었는데도 낯설고 그날따라 얼어 죽을 것처럼 추운데 동양의 할머니가 웬 청승인가 했을 텐데 마음 가는 대로 걸었습니다. 묘지는 석탑으로 오래되어 어두침침했고 인적도 드물어 무서움도 있었지만, 비석을 보고 찾은 쇼팽의 묘지에는 싱싱한 꽃다발이 2월의 추위에도 여섯 일곱 개 비석 앞에 가지런히 누워있었습니다. 몇 세기 지나도 쇼팽을 찾는 연인들이 끊임없이 많은 사랑 보내고 있구나 나 혼자 웃었습니다.

꽃 있는 비석은 많지 않았습니다. 발자크, 마리아 칼라스, 내가 좋아하는 이브 몽탕, 유명한 극작가 몰리에르, 샹송 가수 에디트 피아프, 내가 좋아하는 클래식 작곡가 H. 프랑크, 폴 뒤카 등 끝도 없이 많은 예술가가 잠들고 있는 곳. 그들의 영감을 조금이라도 전수 받으려는 마음으로 파리에 오면 꼭 가는 몽파르나스 묘지, 몽마르트르 묘지…. 서울 가기 전에 꼭 다녀보렵니다.

혼자서 하는 자유 산책, 파리를 구석구석 누비며 목적 없이 걷다가 쉬고 싶을 땐 성당을 찾아 촛불 켜고 혼자 중얼거리며 기도하는 행복, 이 세상 파리에서만 가능합니다. 이렇게 내 삶을 되돌아보며 새로움을 찾아 새로운 음악을 쓰려고 남편 자식 다 떼어놓고 혼자서 두 달 온다는 것에 '아, 나는 복덩이다' 하고 외칩니다.

지금 쓰고 있는 작품 제목은 《죽은 이들에게Defunctus》 피아노 3

중주입니다. 세월호에, 천안함에서 철문이 닫혀 못 나온 젊디젊은 영혼에, 용서를 받고 싶은 마음입니다.

음악을 만드는 것도 장인들은 세월과 함께 정복해 가는데, 내가 하는 창작 음악은 아무리 노력해도 정복 아닌 맨 처음의 시작하던 자리로 굴러 시발점에 힘없이 되돌아가 있는 나를 봅니다. 몰랐기 때문에 지금까지 왔습니다. 어렵다는 걸 누군가가 일러주었다면 도중하차라도 했을 텐데. 그런데 그게 내가 삶의 보람인 것, 알 듯 모를 듯 그래서 순수창작예술 아닐까요.

신 교수 두서없는 글 용서하시고 음악 속에서 오래오래 함께 갑시다.

사랑 가득 보냅니다.

2015년 2월 22일

파리에서 이영자

내가 사랑하는 사람

초여름 어느 날, 한 편의 시가 우편으로 날아왔다.

> 나는 그늘이 없는 사람을 사랑하지 않는다.
> 나는 그늘을 사랑하지 않는 사람을 사랑하지 않는다.
> 나는 한 그루 나무의 그늘이 된 사람을 사랑한다.
> (…)

정호승 시인의 〈내가 사랑하는 사람〉은 이렇게 시작됐다. 9년째 6월이면 어김없이 내 곁으로 날아오는 시는 한국예술가곡진흥위원회의 《우리 시 우리 노래》 신작 위촉이다. 시를 읽으면서 나는 형용할 수 없는 흥분이 전율처럼 내 몸속에 퍼져 가는 것을 느꼈다.

거듭 음미하며 읽어도 위촉장에 적혀 온 서정 가곡 노랫말로는 낯설고 불규칙해서 음률 처리가 나를 불편하게 한다. 몇 날을 밤낮으로 중얼거리며 그 시를 다 외우던 어느 날 새벽, 비몽사몽으로 서정의 실마리가 섬광처럼 영감으로 내게 왔다.

아름다운 선율이 다섯 줄 위에 선명하게 그려졌다. 그 시인의 사랑이 나의 사랑으로 무지개 타고 건너와 내 가슴 속에서 용솟음치듯 선율이 흐르고 내 영혼을 달구어 쏟아졌다.

퇴색된 영혼을 깨워 일사천리로 뜨겁고 아름답게 만들어 갔다. 사랑만큼 위대하고 아름다운 것이 또 있을까? 사랑의 그늘을 드리우고 세상의 모든 것을 끌어안은 신비스럽고 위대함에 새삼 살아온 인생에 감사하며 돌아본다. 나는 누구의 사랑의 그늘에서 축복받고 살았으며 나의 작은 그늘이 누구에게 삶의 기쁨을 주었는가, 조용히 뒤돌아본다.

누구나 다 노년이 되면 회상에 잠긴다. 나의 회상 속에 만남의 소중한 인연들이 줄이어 떠오른다. 그 많은 인연은 우연이거나 필연이든 보이지 않는 끈으로 엮어지며 나의 오늘을 빛나게 해주었다. 보석보다 더 소중하고 아름다운 삶의 기둥으로 존재하며 축복과 은총을 주었다. 그 안에서 오늘날까지 나를 건전하게 서 있게 해준 내 인생의 스승을 이 노년에 서서 외치고 싶다. 내가 사랑하는 사람은 나의 기둥으로 서 있는 스승이라고. 내게 그늘을 만들어주고 순수한 눈물을 흘릴 줄 아는 가슴을 열게 해준 나의 스승.

그 옛날 일본 강점기, 강원도 산골에서 야생마처럼 자연 속에 뛰노는 열 살의 나를 강제로 끌어서 음악의 수렁으로 다가가게 해준 일본인 스승, 구니오까 다모쯔, 패전의 쓴맛을 씹으며 패잔병처럼 떠나간 스승. 그는 스승 이전에 나에게 하늘의 계시처럼 다가온 음악의 여신, 뮤즈muse였다. 그때 헤어지고 다시 만나지 못했지만 많은 세월이 흘러간 뒤 나는 그 스승이 내가 사랑하는 사람임을 알았다.

한국 전쟁이 일어난 1950년, 기적처럼 대학에 가고 처절하게 삶과 죽음을 넘나들던 그때, 우연처럼 만나 음악의 수렁으로 깊이 밀어 넣어 준 대학 시절의 스승 나운영의 사랑의 그늘과 채찍으로 이끌어 준 세월에 끝없는 감사를 드릴 뿐이다.

그때 스승은 너무나 어렵고 무섭고 준엄해서 가까이 가고 싶은 마음에 밤낮으로 다섯 줄 위에 음악을 만들며 맹렬하게 공부했다. 그땐 철이 없어 하고 싶은 말도 못 했지만, 많은 세월을 보낸 뒤 스승의 은혜를 생각하던 어느 날 스승은 세상을 떠나갔다. 스승이 떠난 뒤 허공을 바라보며 내가 사랑하는 사람이라고 홀로 내 가슴에 외쳤다. 반세기 넘게 얼마나 많은 눈물을 흘리며 사랑의 그늘에서 음악을 만들며 고뇌하고 나 또한 그늘이 되고 싶어 애쓰며 살았는가.

고희를 지나면서 인생의 종착역에 서 있다는 것을 어느 날 실감했다. 하늘의 수많은 별을 따는 마음으로 허공에 퍼져있는 나만의 소리를 찾으며 천국보다는 지옥의 가시밭길을 걷는 만큼 고뇌하고 괴로웠던 음악 만들기에 지친 어느 날, 문득 내 길이 잘못 들어온 길이 아닌가, 하는 의구심에 빠졌다. 공간에 한 번 흘러 퍼지면 다시 잡을 수 없는, 흐르는 강물에 떠내려간 음악을 다시는 잡을 수 없는 회의에 빠졌다. 글로 쓰면 쉬울 것을, 내가 사랑하는 사람, 당신을 사랑한다고 말하면 가슴 후련하고 행복하다는 지극히 평범한 철학을 왜 몰랐을까? 벙어리가 되었나, 백치가 되었나.

내 나이 칠십도 반이 넘은 어느 날, 나는 몽유병자처럼 깊은 생각 없이, 그러나 음악 만들기보다는 쉬울 것 같아 서초수필교실을 찾아 등록했다. 고령의 할머니가 좀 부끄러웠다. 첫날 수업을 듣고 더욱 글 쓰는 것에 자신은 없었지만, 이제라도 공부하면 쓰고 싶은 이야기들을 순수하고 담담하게 쓸 수 있을까 하는 수줍은 소망을 품고 젊은이 틈에 앉았다. 봄학기 석 달을 그냥 앉아 있었다.

여름 학기도 그냥 갔다. 쓸 것 같으면서도 한 줄도 못 쓰면서 앉아 있었다. 오래전에 신문이나 잡지사에서 몇 번 글을 청탁받고 그때마다 고통받던 일이 다시 엄습했다. 그와 반대로 나의 몸은 그 글쓰기의 수렁으로 깊게 깊게 빠져가고 있었다. 지극히 평범한 이야기 속에 진리를 담은 교수의 강의 속에서 순수한 삶의 미학을 터득하는 또 다른 나를 발견하고 있다. 그 옛날 나를 이끌어 준 스승에겐 무조건 의무로 끌려갔으나 지금의 나는 스승과 함께 익어가는 삶의 황혼을 함께 공유하고 음미하고 있음이 보배롭다.

나와 비슷한 연배의 노련한 교수에게 그 옛날의 어려웠던 시절의 길목을 찾고 함께했던 고난의, 빈곤의, 비참한 과거를 공유하고 지금 내 나라가 화려하게 성장한 모습을 함께 지켜보는 기쁨이 나를 편안하게 한다. 스승과 동시대를 함께 숨 쉬고 살고 있는 것, 헐벗고 굶고 고통스러운 세월을 말없이 눈빛만으로도 느낄 수 있는 사랑의 그늘을, 사랑의 눈물을…. 그래서 나는 서초수필교실의 운정 윤재천 교수의 그늘에서 마지막 내 인생의 스승. 내가 사랑하는 사람, 순수한 수필 문학에 빠진 축복에 감사한다. 남은 날은 적지만 사는 날을 사랑하고 나의 조촐한 이야기들을 운정 스승의 그늘에서 하나의 살아있는 이야기로 이루고 싶은 소망을 품는다.

수필 구름 위에 정자가 있다면 내가 좋아하는 구름 꽃으로 담장을 드리우고 싶다.

슬픈 분노

그날, 2016년 11월 30일 오후 3시 반, 나는 3호 터널 속에 30분 가까이 꼼짝없이 갇혀 있었다. 짜증과 초조함에 지쳐 나와, 하늘을 보았을 때 내 앞에 길을 막고 지나가는 행렬이 있었다. 촛불도, 태극기도 없이 맨손으로 마치 천하대장군처럼 어슬렁거리며 가는 행렬의 외치는 구호는 잘 들리지 않았다. 아니, 오늘은 목요일인데. 몇 번 TV에서 토요일마다 보던 집회의 또 다른 모습이었다. 이 행렬의 의미는 무엇인가. 터널에서 나온 차들은 모두 강제로 우회전시켜 행렬과 병행으로 갔다.

나는 5시부터 롯데호텔에서 열리는 국제회의에 참석하는 길이었다. 꼼짝없이 길을 빼앗기고 같은 길을 그들은 걷고 차들은 느릿느릿 가고 있었다.

을지로 네거리, 청계천을 지나 종로 입구에서 나는 그 행렬의 선두를 보았다. 커다란 트럭에 단을 만들어 그 단 위에 이 나라 정상의 동상을 만들어 놓고 젊디젊은 한 여성이 동상을 마주 보며 곤봉

제4부 버림의 철학

을 휘두르고 있었다. 무서운 구호를 외치면 따라오는 행렬이 앵무새처럼 되풀이하며, 곤봉으로 동상을 향해 위아래 좌우로 내려치고 있었다. 이 무슨 해괴한 일인가. 사람이 산 사람을 내려치다니. 있을 수 없는, 연옥에서도 있을 수 없는 일이었다.

 슬픔도 절망도 뛰어넘은 무섭고 잔인한 공포였다. 있어선 안 되는 패륜이었다. 한 나라의 정상을 이렇게 능멸할 수 있는가. 민족관, 국가관, 윤리관도 없는 태곳적 원주민의 야만인가. 핸들 잡은 손이 축을 잃으며 혼미에 빠졌다. 안국동에서 그들은 광화문 방향으로 틀고 차들은 창경궁 쪽으로 향했다. 시내는 그 행렬로 길마다 마비되었다. 동대문, 퇴계로, 남산순환도로에 오르면서 앞길은 트이고 목적지에 도착했을 때는 6시 30분이었다. 야만인다운 지각이었지만 맡은 임무가 있어 당당하게 입장했다. 내 생애에 처음 있는 긴 지각, 처음 겪는 충격과 분노였다.

 우리의 정상이 연약한 여성이기에 당하는 수모인가. 그의 곁에 세파 바람막이처럼 기둥 되어 주는 한 남자가 없어 짓밟으려는가. 슬프고 억울하고 분하고 저주스럽다. 아무리 시대사조가 그렇게 흐르고 있다 해도 용납이 안 된다. 그날의 그 광경은 내가 죽어서도 잊을 수 없는 공포와 피를 토하면서 외치고 싶은 아프고 슬픈 분노였다.

 내가 여든 해 넘게 목숨 바쳐 지키고 사랑해 온 나의 모국, 그 모국의 어머니를 사랑한다. 짓밟힌 그의 영혼의 상처에 신의 가호가 있기를 나는 죽는 날까지 기도할 것이다.

 하느님 구원의 손길을 주옵소서.

하느님 저희 죄를 용서하시며

저희를 지옥 불에서 구하시고

연옥 영혼을 돌보시며

가장 버림받은 영혼을 돌보소서.

회상

 장내를 웅장하게 울리며 합창이 끝났다. 지휘자가 돌아서서 객석을 향해 인사하고 손짓을 했다. 어스름한 어둠 속에서 나는 일어나 인사했다. 10월의 끝자락 대구 '수성 아트피아홀'에서 열린《대한민국 합창 축제》에서 내가 작곡한 천상병 시 〈편지〉가 무반주 혼성합창으로 연주되었다. 대구시 주최 대구 문화재단 후원으로 올해 9년째 열리는 큰 합창축제이다. 정오에 기차로 내려가면서 포항시립합창단이 무조로 작곡된 현대음악을 잘 연주할까 염려했는데 기우였다. 그들은 씩씩하고 정확하게 음악 해석도 현대적으로 잘 표현했다.

 그러나 내 마음 한구석에는 구름이 덮여 있는 듯했다. 시원하고 정확하게 부르는 음악보다는 시대적 흐름에서 오는 시상의 표현에 아쉬움이 일었다. 시대를 앞서가는 현대음악은 다양한 개성의 재현으로 연주자에 따라 곡 해석의 차가 많다. 작곡자와 동일한 해석은 불가능하나 시대적 사상으로 가까워질 수 있다면 더 바랄 것이 없다.

〈편지〉가 담고 있는 시정의 해석이, 시인과 동시대를 살아온 나의 마음에 잔잔한 추억의 파문을 불러일으켰다. 음악회가 끝나고 뒤풀이 모임에 갔을 때 지휘자에게 천상병을 아느냐고 물었다. 젊은 지휘자는 이야기는 들었는데 시인을 잘 모르겠단다. 그제야 이해가 됐다. 전쟁의 한복판에서 살기 위해 치열하게 숨 쉰 작가의 고통을, 전쟁을 겪지 않은 젊은 세대들은 절대로 이해하지 못한다는 것을 깨달았다.

편지
천상병(1969)

점심을 얻어먹고 배부른 내가
배고팠던 나에게 편지를 쓴다.

옛날에도 더러 있었던 일
그다지 섭섭하진 않겠지

때론 호사로운 적도 없지 않았다.
그걸 잊지 말아주기 바란다.

내일을 믿다가
이십 년

배부른 내가

그걸 잊을까 걱정이 되어서

나는
자네한테 편지를 쓴다네.

　내가 대학생이던 시절, 한국 전쟁의 폐허 속에서 나는 천상병과 만났다. 명동의 음악감상실 '돌체', 인사동의 '르네상스', 광교에 있는 '쇼팽' 다방, 그곳에서 그 시대 젊은 열기는 음악으로 전쟁의 불행을 치유했다. 시인과 나는 안간힘을 쓰며 매일 만났다. 한 마디 대화도 없이 약속도 없이 그곳에 모여들어 삶의 피로와 허기를 음악으로 채웠다. 가슴 가득, 몸 가득, 음악이 스며들면 포만감과 희열에 취해 행복했다. 해가 지면 근처 뒷골목에서 꿀꿀이죽을 먹듯 이름도 모르는 음식을 먹고 족보 없는 불순한 술도 마시곤 했다.

　어느 날 돌체에서 레코드플레이어 하던 '정'이라는 청년이 내게 와서 조용히 말했다. 혹시 집에 위스키 같은 독한 술이 있으면 한 병 선물해 주면 좋겠단다. 스산한 늦가을 초저녁 나는 외투 속에 조니워커 한 병을 감추어 들고 가서 정에게 주었다. 그는 나에게 얼마 동안 레코드플레이어를 맡아달라고 부탁하고 몇 명이 자리를 떴다.
　나는 특권인 양 듣고 싶은 음악을 들었다. 저녁 시간에는 감상실에 손님이 뜸했다.
　리하르트 슈트라우스(1844~1949)의《자라투스트라는 이렇게 말하였다》프리드리히 니체(1844~1900)의 철학을 담은 관현악 음악을 그 당시 너무 좋아했다. 4관 편성의 교향시곡이다. 웅장한 음향과 다양한 음색적 효과는 듣는 이의 관능을 관통하여 영혼의 희열을 안겨주고 거대한 대자연 속으로 잠재워준다. 대 편성 악기군들이 30분 넘게 화려하고 때론 무겁게 흐르다가 마지막 종결구에서 차례로 정화되어 소멸한다. 그리고 느리게 더 느리게 긴 음가의 현악기군과 목관악기 복조의 끝맺음은 절묘한 환상의 절정이다. 마치 광대하고 풍만한 대지 안에 하나의 작은, 점 같은 인간이 그 속으로 안기는 환영을 나는 본다.

자라투스트라의 신화적 전설로 위대한 자연과 무구한 인간의 관계를 관대하고 신비스럽게 음악으로 표현했다.

그 시절에는 CD가 아니고 SF레코드였다. 한 면이 끝나면 뒤집어야 다시 계속한다. 몇 번씩 끊었다 이어졌다 하는 쇼트 플레이였다. '음악을 들으면서 동시에 악보도 보고 공부하면 얼마나 좋을까'라는 것은 생각일 뿐, 그 시대는 악보 하나 구할 수 없는 암담한 시기였다. 얼마 뒤에 외출했던 정은 돌아왔다. 나의 행복한 몽상도 현실로 돌아오고 밤도 깊어 나는 그곳을 나왔다.

명동 한복판을 걸어오면서 나는 진풍경을 보았다. 길모퉁이 전봇대 옆, 흙바닥에 천상병이 큰 대大자로 자고 있다. 옆에는 빈 위스키 병이 함께 있다. 안주도 없이 삽시간에 다 마시고 꿈꾸듯 편안하게 잠들어 있다. 한참을 보며 어쩌지 못한 나는 퇴계로를 걸어 필동 집으로 돌아왔다.

다음 날도 그다음 날도 아무 일 없는 듯 우리는 다시 만났다. 돌체에서 음악에 배부르면 몇몇 일행들은 일어나서 몇 집 건너에 있는 청동다방으로 옮겨갔다. 그 시절 청동에는 늘 공초 오상순님이 부처님처럼 부동의 자세로 파이프를 물고 젊은이들을 맞아주었다. 그는 젊은이의 우상이었다.

나와 전혜린도 이따금 그의 곁에 그냥 그렇게 습관처럼 그곳에 앉아 있었다. 담배 연기가 짙은 안개처럼 덮이고 숨 막히게 답답해지면 우리는 그곳을 나왔다. 그곳은 무언으로 배움을 습득하고 삶을 터득하는 곳이었다. 어쩌다 누군가 논설처럼 길게 떠들어도 아무 대꾸 없이 들어주는 배움의 장이었다. 배움이란 글로, 말로 터득하기보다 무언의 공기 속으로 스며들어 배우는 것이 더 많다는 것을 그때 배웠다.

지금 여든의 나이에 외롭게 회상에 잠긴다.

가난했지만 차라리 찬란했다고 자부하고 싶은 그 시절, 눈빛만으로 절절한 사랑을 나누던 사람들은 모두 세상을 떠났다. 이따금 애절한 그리움이 밀물처럼 밀려와 썰물처럼 쓸려간다. 그때처럼 몸으로 마음으로 뜨겁게 불태워 배움 속에 빠진 적도 없다. 소박하고 순수한 작은 행복감에 만끽한 적도 없다.

예술의 수렁, 그 깊은 곳에 내가 있고 내 음악 혼 위에 수천 수억의 음군들이 높낮이를 달리하며 무지개 되어 나를 에워싸고 다독이고 있다.

천상병 시인의 시구처럼 "아름다운 이 세상 소풍 끝내는 날" 나 또한 돌아간다는 그곳을 향해 오늘도 묵묵히 가고 있다.

버림의 철학

20년도 더 전, 벨기에에서 유치원 다니던 쌍둥이 손녀가 귀국해서 유창한 프랑스어로 내게 동화를 이야기해주었다.

"옛날 옛날에 깊은 숲속에" 하며.

석 달 가고 반년 가면서 드문드문 잊어가더니 얼마 뒤 유창한 우리말로 바뀌고 외웠던 프랑스어는 구름처럼 멀리 날아가 버렸다. "옛날얘기 프랑스 말로 해 봐" 하면 미안하고 부끄럽고 쑥스러운 표정을 하더니 주저앉아 울어버렸다. 그때부터 나는 밥상 차려주며 집요하게 말했다.

"할머니는 밥하는 사람이 아니고 음악가야, 할머니는 작곡가고 이런 음악을 만들었어." 피아노 치며 들려주고 세뇌하듯 끌고 다녔다. 지금은 충실한 내 음악 팬이고 평론까지 해주어 큰 힘도 된다. 음악을 들을 줄 알고 즐길 줄 알아 인생에서 음악의 힘이 얼마나 큰지 알아 가는 게 흐뭇하고 고맙다. 그 손녀 둘이 세월의 흐름 따라 대학을 나오고 올해 2월에 대학원에서 우등으로 경영학 MBA를 마쳤다.

40년 살던 집이 구들장이 내려앉고 문지방에서 못이 솟아 발 찌르고 천장에서 조금씩 물방울이 고이더니 양재기를 이곳저곳 놓고 살다가 수리 불가능 판정이 나서 재건축으로 결론 났다.

지난해 여름부터 오피스텔 얻어놓고 살림 분산 작업을 시작했다. 지금까지 끝없는 피곤과 고통의 연속 작업으로 시간은 간다. 나는 위촉 작품이 있어 밤새고 작업해야 하는데, 말 안 해도 온 가족이 안다. 3층 집 백 평이 넘는 곳에 살다가 30평인 집으로 간다. 시집 와서 58년 살아온 살림을 어떻게 버려야 하는지 앞이 안 보인다.

남편은 살림을 모르니 "다 버려, 아낌없이 버려! 우리 둘의 앞날은 너무 짧으니 다 버려." 얼마 동안 대문 앞에 다 버리고 동사무소에 전화해서 돈 내고 큰 트럭에 한가득 버렸다. 내 곁을 떠나간 나의 삶의 흔적이 밤마다 오선지 위를 오락가락한다.

어느 날 강의 갔다 온 딸이 대문 앞에 버린 봉지를 뒤져 다시 들고 들어왔다. 화를 내며 "이건 지구의 끝 아프리카에서 데리고 왔는데 버리다니요. 이건 암스테르담에서, 이건 파리에서, 이건 인도네시아 와양(인형극 하는 인형)인데 놋으로 만든 가멜란도 여기 있네." 내가 너무 탐욕이 심한 것에 나도 놀랐다. 프랑스의 유명한 인상주의 작곡가 Debussy가 1889년 세계박람회가 파리에서 열렸을 때, 동양음악에 심취했다는 가멜란 악기를 나도 1981년부터 1984년까지 인도네시아에 살며 가멜란 음악을 듣고 무거운 놋으로 만들어진 악기를 사 들고 왔는데 버릴 수는 없다.

남편이 외교관으로 그곳에 살 때 파푸아뉴기니도 겸임하여 두어 번 따라갔다. 지금 21세기인데도 그곳은 지상의 원시적 낙원이었다. 관광객도 그곳까지는 잘 가지 않는다. 관광지로선 오지인 셈이다. 쪽빛 하늘과 푸르디푸른 수평선은 이 세상에 둘도 없는 곳이리라. 여인들은 풀잎 치마만 두르고 젖가슴은 그대로 노출하고 머리에 똬리도 없이 소쿠리를 이고, 남성들은 풀잎 말려 만든 치마에, 속에는 풀잎으로 기저귀 차듯 남근을 가리고 다녔다. 그 모습이 꾸밈없는 인간 순수의 모습 그대로여서 오히려 치렁치렁 옷 입는 내가 민망했다. 그들은 허식 없는 자연의 모습으로 보여 오히려 신선했다. 아직도 식인종이 있다고 해서 좀 무서웠던 생각이 난다. 그곳에서 사 들고 온 나무 조각 가면을 버릴 순 없다.

태어날 때 빈손의 축복으로 왔고 이승 버릴 때도 분명 빈손일 텐데 버림의 철학으로 마음의 탐욕을 비워야겠다. 아쉽다, 슬프다, 괴롭다, 아프다, 그 뒤에 내 곁에 있어 주는 축복과 행복과 사랑이 하늘만큼 넘쳐 감사하다.

그래도 계속 우리 가족은 면장갑을 끼고 버리고 쓸고 닦고 무거운 책들을 내 차에 싣고 매일 나른다. 88세 할아버지도, 동갑인 나도 딸도 힘 못 쓰고 오직 쌍둥이 손녀 둘이 일꾼으로 뛴다. 아들도 손자도 없는 내게 무거운 것 다 들어주는 손녀가 내 인생 말년의 힘든 일 도와주며 곁에 있으니 축복받은 인생이다.

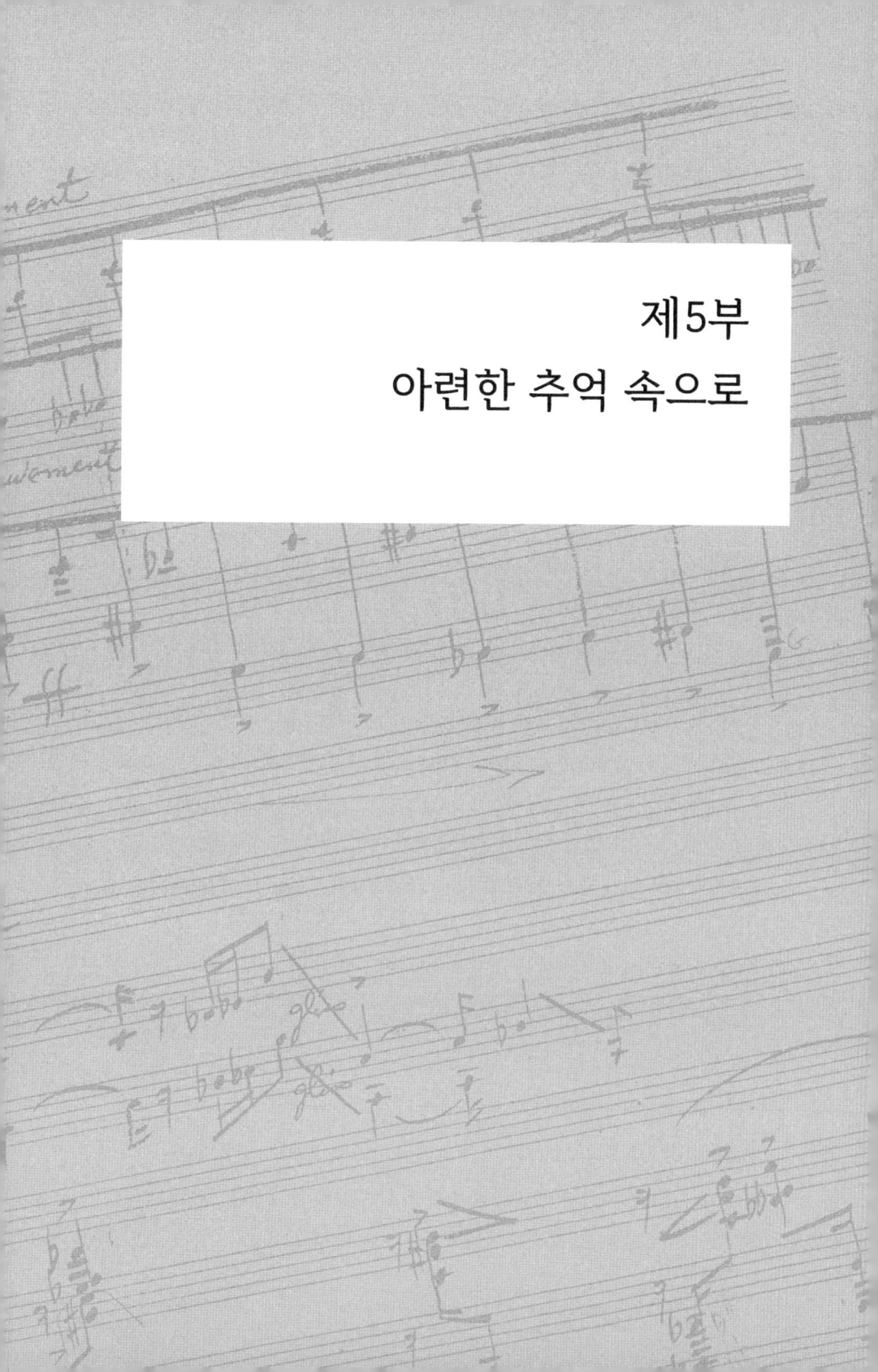

제5부
아련한 추억 속으로

아련한 추억 속으로

대학원 졸업발표회를 〈제1회 작곡발표회〉로 하고 나의 창작 인생이 시작되었다. 1956년 여름에 《Violin Sonata 1955》. 전 악장을 신상철의 연주로 KBS한국방송(그땐 국립방송국)에서 방송했다. 전 악장을 암보로 연주했는데 너무 잘했다(천재적 재능을 지닌 사람).

1954~56년의 대학원 시절에는 Cesar Frank, V.D'Indy, G.Faure, F.Schumith 등의 음악(주로 프랑스 계통)을 좋아했고 Z. Kodaly(헝가리)의 〈키제 중위〉 같은 곡도 공부했다. 그 당시는 집에선 아무것도 없었으니까 주로 '돌체'나 '르네상스'에서 종일 살았었다. Long play도 겨우 나온 때였고(1953, 54, 55년경에는 Short play여서 4번 정도를 틀어야 한 곡을 들었음), 이 당시 내게 영향을 준 작품으로는 Bartok의 《String Quartet》 6곡이었고 opera 《Le Château de Barbe-Bleu》, 《Le Mandarin Merveilleux》였고 Ravel의 Piano 곡 《Miroir》, 《Bolero》와 특히 《왼손을 위한 Concerto》였다. Debussy

의 《Piano Prelude》와 Orchestra 곡 《La Mer》도 당시 많이 들었다. 그래서인지 그 당시 프랑스 쪽으로 공부하러 가고 싶다는 생각을 많이 하게 되었다. 중요한 것은 1956년 나운영 교수가 Swiss의 작곡가 Frank Martin과 Paris의 Olivier Messiaen과 인연이 닿아 편지가 오가고 드디어 그곳에 가서 공부한다는 것이었다.

나는 그들이 얼마나 대단한 작곡가인지 잘 모르면서 나의 스승이 간다면 나도 가야 한다는 막연한 꿈을 키우게 됐다. 또한, 그 당시 교우 관계였던 "전혜린"과 거의 매일 '돌체'에서 만나며 그녀에게서 많은 프랑스적 요소를 습득하게 되었다.

그녀는 서울대 법대생이었는데 독일어, 불어에도 능했다. 더구나 가보지도 못한 Paris 몇 구의 어느 길목엔 누구의 동상이 있고, Rodin의 조각이 어디에 있고, 그리고 여성화가 "마리로랑생"의 그림도 어디선지 오려와서 보여주곤 했고, Paul Valéry에 대해서도 열변을 토했다. Sartre, Mme Bovary 등 모두가 전혜린 아니면 이어령에게서 배운 것이었다.

결국, 나운영 교수는 유학을 가지 못했다. 당시 나의 아버지는 경북 도지사로 대구에 계셨고 이어 내무부 장관으로 서울로 발령받아 상경했다. 나는 빈집을 동생들과 지키며 piano 가르치기, 방송국의 합창단 반주, 시온성 합창단 반주, 일요일에는 미 8군 교회 가서 찬송가 연주하고 또 오후에는 미군교회에서 Organ도 배웠다. 실현되기 어려운(모두 가난해서) 나의 꿈이 익어가던 시절이었다.

1958년 여름 7월 17日 명동 시공관에서 나는 〈제2회 작곡발표회〉를 도불 기념으로 열었다. 아버지의 맹렬한 반대가 있어서 식구 몰래 혼자 뛰어, 포스터를 아버지 눈에 띄는 곳에 붙이고 program

을 만들어 연주자를 찾아다녔다. 눈에 불을 켜고 뛰었다. 음악회 날은 2층 맨 앞 가운데 아버지가 앉아 계셨고 어느 기자가 그것을 찍어 신문에도 났었다. 이때 잊을 수 없는 것은 막상 그날 나는 입을 옷이 없었다. 그래서 아르바이트로 다니는 집의 멋쟁이 아주머니에게서 원피스를 빌려 입었다.

어느 날의 대박

한 교수! 눈을 뜨고 벽시계를 보니 오후 5시 10분.

아이구, 게으른 90대 할머니, 그러나 대박이다. 혼자 점심 먹고 설거지하고 다용도실까지 대청소하고 잠깐 소파에서 쉬자 했는데 길게 누워 잤네. 낮잠, 내겐 꼭 필요한, 외출 안 할 땐 꼭 낮잠 한숨 자야 하는 게 필수인데, 아이구 다섯 시라니!! 세 시간을 더 잤으니, 할아버지 저녁을….

부엌으로 가려는데 또 아이구, 할아버지가 어제부터 경기도 광주 물안개 공원 앞 귀여리 별장에 갔으니 저녁 부엌은 "개점휴업"이네. 그래서 마음 놓고 늘어지게 낮잠을 잤나 보다. 내 속에 있는 쌍둥이 별자리의 또 하나의 내가 알고 재워주었나.

그래서 나는 음악의 콩나물 밭에서 음악회 홀을 헤매며 음악 듣고 오선지 앞에 앉아 지금까지 작곡했네. 지금은 오밤중 밤 12시 20분.

와! 또 대박. 꿈 이야기 선명하니 한 교수에게도 알려줄게요. 피아노 소나타 전 삼악장. 소나타가 싫으면 가벼운 소품이라도 가능하니까. 그 화음 4도 구성의 불협화음은 Piano 중앙 C에서 위에 있는 B♮, E♭, A♭은 왼손의 화음. 바른손은 Do, Mi, Sol을 다르게 하고 F#, B♭, E♭은 왼손. Sol, Si, Re는 바른손. 왼손은 불협화음, 바른손은 완전 3화음.

그 화음을 음악의 전체에 번지게 하며 음색과 선율과 리듬을 연장해간다. 불규칙 4도의 음색과 리듬은 하늘과 마주 보고 있는 대지 땅. 그 땅에 두 발 디디고 서서 지구를 끌어안고 있는 큰 가슴인 나는 완전 5도의 맑은 화음이다. 이해되든 안 되든 창작은 나만이 아는 소리를 뿜어내는 거니까 기억해두어요.

그리고 또 하나의 화음 군 C장조 I와 D♭장조의 I화음을 동시에 대결시켜 부딪치는 음색의 향연을 피아노의 상하로 바꾸며 불규칙 리듬으로 상행, 하행, 역행, 확대 축소 하면 천국의 꽃밭이 떠오르는 내 영감이에요. 환상…. 끼네 교수님도 똔드레오 교수도 나보고 가슴에 환상이 많다 하셨으니 그 환상이 바로 음악의 영감으로 직행하는 것 같은 믿음이 내겐 있어요.

한 교수 어때요? 헛된 꿈을 꾸고 있다 하지 말고 93세 노스승에게 "브라보!" 연발하고 격려해주어야, 김빠진 노스승의 에스프리에 또 "브라보" 해주어야 살맛 나지요. 더 상세하게 설명하면 I악장 Grave 무겁게, II악장 Cantabile 노래하듯이, III악장 Animé 활기 있게. 이제부터 덤벼야죠. 지난 가을부터 올해 3월까지 김남조 시 슬픈 노래 피아노 4중주 마쳤으니까 하느님이 예쁘다고 "또 덤벼봐라" 하실 것 같아 고맙고 감사하고 은혜로워 눈물 납니다.

앞으로 기다려주어요. 오늘의 낮잠, 꿈의 결실을 올겨울쯤에 아니면 내년 음력 설날쯤엔 탄생하지 않을까요. 욕심 많다 하지 말고

노 스승에게 "브라보" 해주어요. 쓰다 말고 미완성으로 이승 떠나더라도 가슴 벅차게 살고 갔다고 믿어주고 미완성일 땐 한 교수가 마무리 완성 해주고, "브라보" 해주세요.

93세 여름에

전쟁의 한 복판에서 뮤즈를 만나다

스승을 기리며…

'음악은 시공을 초월해서 그 어떤 소재, 기법으로 표현하더라도 아름다움의 미학을 가장 깊은 곳에 반석으로 두고 살아있는 영혼의 소리를 담아라'는 철학을 일찍이 저에게 심어 주신 스승 나운영 교수님의 26주기에 이 음악회를 헌정합니다.

부모의 축복으로 태어나 만남이란 고귀한 인연으로 저는 여기까지 왔습니다. 삶이 제 아무리 고달파도 그 인연들은 모두 하나님의 은총으로 충만했습니다.

1945년 일본의 억압에서 해방되어 나라를 찾고 얼마 뒤 처음으로 우리 글로 된 음악 교과서에서 김수경 詩, 나운영 작곡 〈아! 가을인가〉 노래를 배우며 자랐습니다. 그 노래가 너무 좋아 곡을 만드신 작곡가가 얼마나 연륜 있고 유명하신가 상상하며 강원도 산골에서 가슴 속에 환상적인 음악의 씨를 품었습니다.

 1950년 5월 대학 입학하고 한 달 반 지난 6월 25일 한국전쟁이 나고 대학은 문을 닫고 제 꿈은 산산이 깨졌습니다. B29 비행기가 따발총으로 쏘아대는 그 여름을 300km 가까이 걸으며 고향 강원도를 부모 형제 찾아 헤맸습니다. 연합군의 힘으로 9·28을 맞이하고 선발대로 상경하신 아버지를 극적으로 만났습니다. 두 달 뒤 12월에 북에서 중공군이 쳐들어온다 해서 다시 우리 땅 끝 부산까지 밀려갔습니다.

 부산 영주동 '가야여관'에 방 하나 얻어 여덟 식구가 앉아서 잤습니다. 저는 국제 시장에서 편물 일을 받아 스웨터, 목도리를 짜서 그 삯을 벌었습니다. 그 시절 영주동에서 대청동으로 가는 고갯마루에서 동생 둘 데리고 담배 팔았습니다. 그 언덕길은 황톳길이어서 인산인해의 피난민 발걸음에서 일어나는 흙가루로 전신에 노란 분을 뒤집어썼습니다.

 제가 앉은 자리 옆에는 스카프로 머리를 덮고 한 여인이 입던 옷을 들고 나와 팔았습니다. 그 젊고 아름다운 여인은 앉은 자리에서 종일 노래를 불렀습니다. 동요도 부르고 그 무렵 유행하던 노래를 쉬지 않고 불러 저는 노래에 도취하고 행복한 마음 되어 너무 고마웠습니다. 전문 성악가가 아닐까 생각되어도 어렵고 수줍어서 말도 못 하고 얼굴만 마주 보곤 했습니다.

사흘 되던 날, 제가 국제 시장에 간 사이 두 동생들에게 지나가던 한 남성이 '그 담배를 다 사겠다'해서 싸주었더니 대금도 안 주고 인파 속에 묻혀갔습니다. '한 여름 밤의 꿈'처럼 지나갔습니다. 하루 세 번의 밥도 못 먹던 그 시절, 살아야 한다는 일념 뿐 부끄러운 마음도 슬픈 마음도 없었으나 마음 한구석 처절하고 절실했습니다.

얼마 뒤 그 길을 걷다가 언덕 위 돌담에 "나운영 작곡 교실"이란 현수막을 보고 홀린 듯 단숨에 올라갔습니다. 열린 대문으로 들어가 "나운영 선생님 계신가요?" 했더니 젊은 청년이 나와 "저 방으로 들어가십시오"라고 했습니다. 외출하셨구나… 생각하고 기다리다 마음이 초조해서 "선생님 언제 오시나요…" 했더니 "제가 나운영입니다."라고 하셨습니다. 정말로 놀랐습니다. 유명하신 작곡가가 청년이라니… 천재 작곡가다라고 생각했습니다. 그때 방문이 열리고 사모님께서 나오셨습니다. 저와 눈이 마주치는 순간 우리는 서로를 확인하고 한순간 놀라고 그 다음에 미소 짓고, 크게 웃었습니다. 고갯마루 흙바닥에 앉아 흙가루 분 바르며 노래를 부르시던 여인이 사모님이라니…. 〈아! 가을인가〉는 선생님의 14살때 쓰신 노래였습니다. 정말로 하늘을 향해 부끄럽지 않은 소중한, 보석 같은 만남의 순간이었습니다.

1953년 전쟁은 휴전으로 끝나고 우리들은 서울로 돌아왔습니다. 그 시절 선생님의 음악 철학인 "선先, 토착화-후後, 현대화"의 작업으로 제주도, 경상도, 전라도를 찾아다니며 우리의 민족성, 민속성의 뿌리인 민요를 찾으셨고 저를 위해 명동의 '돌체', 종로의 '르네상스' 등의 감상실에서 함께 벨라 바르톡, 이고르 스트라빈스키의 민속성 짙은 《봄의 제전》도 함께 들었습니다. 어느 날은 '돌체'에서 올리비에 메시앙의 한 시간 넘는 장대한 교향곡 《투랑갈릴라》 열 악장도 나누어 들으며 행복한 시간도 가졌습니다. 저의 작곡 노트를 보실 때는 명동입구에 있었던 작곡가 홍난파님의 사모님이 운영하시던 조용한 찻집에서 섬세하게 봐 주셨습니다. 그 시절, 저는 '르네상스'와 '돌체' 감상실의 많은 음반 리스트를 두꺼운 공책에 적어드렸습니다.

1955년 어느 날, 20세기 거장 올리비에 메시앙이 직접 보내 준 초청 편지를 받으시고 무척 좋아하셨습니다. 선생님이 파리에 가시려다 여의치 않아 그 기회를 제게 주셨고 선생님의 힘에 떠밀리듯 1958년 8월 파리로 떠났습니다.

그 거대한 배움의 행운이 어떻게 제게 왔는지 지금도 불가사의입니다.

선생님의 음악 사랑으로 확고한 길을 찾은 저는 그 은혜에 보답도 못했는데 1993년 10월 21일 홀연히 소천하셨습니다. 그리고 26년이 지나갔습니다. 저의 음악의 길에 기둥으로 서 계셨던 소중한 인연, 음악의 길로 곧게 가는 이유와 목적 앞에 깊은 감사드립니다. 오늘은 선생님께 고마운 인사 드리는 음악의 밤입니다. 선생님의 천 편이 넘는 작품 중에서 제가 좋아하는 세 편을 뽑았습니다. 저의 음악은 선생님이 과찬해 주셨던《첼로 소나타 1956》, 외국 수학 후 '후後-현대화'를 품은《피아노 소나틴느》와 '선先-토착화'로 쏟아낸《산조 가야금을 위한 만가》가 연주됩니다. 스승에게 받기만 하고 효도 한 번 못한 제자의 한 품은 참회와 속죄의 마음으로 이 음악회를 헌정합니다.

스승의 은혜는 하늘 같아서 우러러 볼수록 높아만 지네

강소천 詩, 권길상 님의 〈스승의 은혜〉 부르며 선생님의 그 옛날 제자가 아흔 살 문턱에서 고개 숙여 큰 절 올립니다.

2019. 11. 21. 스승 나운영을 기리며

어머니의 노래

낙엽 밟는 소리마저 가슴 아리는
삶의 황혼에 섰습니다.
마지막 잎새가 떨어지기 전에
서둘러 저의 가슴의 소리로 모셨습니다

지난 해 봄, 여름, 가을이 가고 다시 가을이 올 때까지
칠흑 같은 캄캄한 밀실에 홀로 갇혀
여름밤 하늘의 별만큼 많은
흩어진 소리 속에서
나만의 고뇌와 사색으로
영혼의 소리만을 찾아
어머니께 드리는 노래를 만들었습니다

가을이 오는 소리에 그 어둠에서 나와
숨 고르고 우러르니

하늘 가득 구름 꽃 속에 미소 짓는
어머니 얼굴이 아련합니다.

우리들의 어머니는 위대합니다.
우리들은 땅 위에서 하늘 위 어머니를 그리며
불효를 뉘우치고 용서의 기도를 드립니다.
어머니의 크신 사랑 안에 삶의 절망은 없고
솟아나는 빛 그림자는 늘 우리 곁에
희망으로 있습니다.
그래서 인생은 아름다운 축복입니다.

오늘은 김남조, 신달자. 이해인, 이일향 님의
주옥같은 시로 노래합니다.
삶에 지친 우리들 가슴 속에
잔잔한 감동의 여운으로 다가가기를 빕니다.

보내주신 성원과 사랑에 존경과 감사를 드립니다.

(2008. 11. 17. 금호아트홀 이영자 작품연주회 인사말)

시속 85킬로 타고 거북이는 간다

오월의 마지막 금요일 오후 4시.

동네 재래시장 한복판에서 핸드폰이 울렸다. 장보기를 중단하고 받았더니 귀에 익은 목소리가 들려왔다.

"이 선생님 원고 안 내셨지요?" 한다. 동인지 마감이 훨씬 지나있었다.

6월 초까지 보내야 하는 작곡이 지금 막바지인데 글이 그렇게 쉽게 써지는 것도 아닌데, 언제나 제 때에 낸 적도 없고 번번이 작곡과 수필이 한꺼번에 엉켜서 나를 괴롭히고 있다. 두 손으로 내 목을 조여오는 것 같다.

"나 기권했습니다."

"편집장님, 나 지금 시장 보는데 이번에도 빼 주세요."

"시장에서 뭐 사세요?"

"응, 내일 새벽 7시 반에 부산 가는 Z 봉사클럽 이사님들의 도시락 14개 싸려고요."

"네, 아니 그 연세에 그런 것도 하세요?"

"내가 가야 하는데 6월 초에 보내야 하는 문효치 시인의 〈노을〉이라는 노래를 마쳐야 해서 도시락으로 보시 봉사하려고요. 김밥 14개 만들어주는 것 간단하니까." "아니, 연세가 많으신데, 무리하지 마시고 건강 유의하시고 원고도 문학관에 꼭 보내주세요."

"나 빼 주세요. 작곡 마감이 더 급하거든요."

그렇게 급한데 보시 봉사는 왜 해, 우선순위가 어느 쪽인데… 내게 물었다. 김밥 14개 간단하지, 평생 했는데. 겁 없이 중얼거렸다. 아침에 준비해 둔 계란지단, 단무지, 우엉 조림, 박고지, 유부, 맛살, 오이, 당근 넣고 말면 되는데… 도시락통, 냅킨, 젓가락 모든 것 메모해 온대로 다 준비하고 상쾌하고 가뿐한 마음으로 돌아왔다. 저녁 7시, 강의 갔던 딸이 돌아왔다.

'밤 1시에 김밥 만들 테니 도와 달라'는 약속도 했다. 8시에 씻어 불린 찹쌀 1킬로 반 정도를 압력솥에 넣고 간장, 참기름, 올리브유, 흑설탕 녹은 것 넣고 준비해 둔 밤, 대추, 곶감, 호두, 은행, 견과류도 약간 넣고, 약식은 눈 감고 해도 될 만큼 내 손에 익어 있다. 내 나이 열여섯 살부터 어머니에게 엄하게 실습받았으니 아마 반세기는 더 된 것 같다.

자신 있는 수련공 같은 외교관 내자 생활 30여 년에도 수없이 만든 약식이다.

김밥용 밥은 10시쯤 흰 쌀이 안 좋다니 귀리, 현미, 찹쌀도 조금 넣어 시작했다. 11시쯤 밥이 되면 강의에 지쳐 돌아온 딸도 고단할 텐데 나 혼자 다 말아야지. 누군가를 위해 봉사한다는 것도 축복인데 작은 행복으로 마음이 편했다. 내 작업실 피아노 위에 놓인 오선지는 주말 내 작업하면 될 것이니까.

부엌일을 하면서도 〈노을〉의 선율이 가슴에서 일렁이며 맴돌았다. 차 한 잔 들고 앉아 감사의 작은 기도도 드렸다.

자정쯤 나는 김밥 재료를 내놓고 말기 시작했다. 고단한 딸을 자게 하고 혼자서 끝내고 싶었다. 김 한 장에 밥을 펴 놓고 그 위에 여덟 가지를 다 넣고 마는데 왠지 손의 감각이 다른 때와 달랐다. 밥이 좀 되게 된 것 같았는데, 많은 것을 넣고 나니 잘 말려지지 않았다. 손끝의 느낌이 생소했다.

두 개, 세 개 말아 놓고 앉았다. 순간 자신 있다는 내 자만이 후회되었다. 경솔함에 무안했다. 우선 시식을 했다. 한쪽 먹어 보니 맛이 덜하고 잡곡 때문인지 밥도 부드럽지 않았다. 어디에서 잘못된 것일까? 두 번째 시식도 지금까지 만들던 맛이 아니었다. 가슴이 무거웠다. 자신이 있었는데 어디에서 잘못됐을까 전신의 힘이 다 빠지고 마음도 초라하고 괴로웠다. 모양새도 나지 않았다.

여덟 가지 넣은 것이 잘못이었다. 다섯 가지면 충분했는데 어느 때 보다 더 잘하고 싶었던 작은 허영 같은 감정이 순간 번개처럼 지나갔다. 만사에 겸손해야 하는데 뭘 믿고 그런 거만을 부렸는지 내가 미워졌다. 한입에 쏙 들어가게 곱고 예쁘게 해야 했는데 밥을 다시 지을 시간도 없고 초조하고 불안해지기 시작했다. 자는 딸 곁에 달려가서 몇 번 불렀지만, 딸은 한밤중 꿈속이었다. 잠든 채로 대꾸했다. "1시에 올라갈게요" 2시 반도 넘어 3시로 가고 있는데…. 8시간 강의했으면 진이 다 빠졌을 텐데. 다시 부엌으로 갔다. 위층 남편을 깨워도 아무 도움도 안 될 텐데….

혼자 해 보기로 했다. 김밥 10개로 끝내고 유부초밥을 42개 만들었다. 약식은 성공적이었다. 42쪽으로 약식을 썰어 도시락 그릇에

넣으려는데 시간은 가고 내 두 손은 마치 거북이처럼 느리게 뜸해지는데 딸이 올라왔다, "너무 잤나 봐요. 1시에 오려고 했는데" 우리는 둘이서 삽시간에 14개 도시락을 만들었다. 순간 여든다섯 살의 손은 이젠 믿을 수 없는 우둔한 손임을 깨달았다.

젊어서는 나도 토끼처럼 빠르게 살았는데 이제 내 나이와 몸은 거북이처럼 느릿느릿 가고 있다는 것을 실감했다. 50대 인생은 시속 50킬로, 60대는 60킬로, 나는 시속 85킬로의 길목에서 거북이걸음으로 가고 있다. 인생의 끝자락이 무디다는 걸 왜 몰랐을까? 뛰고 나르던 청춘의 나를 지금도 믿고 있는 우둔한 자신의 모습을 차라리 위로해 주고 싶어졌다.

하얀 도시락통에 일본사람의 "후도마끼"보다 더 굵은 김초밥 여섯 개, 유부초밥 3개, 후식으로 약식 3개씩, 딸이 삽시간에 담아냈다. 내 두 손으로 동동거리고 초조하고 분주했던 시간이 가고 휴~ 안도의 한숨이 나왔다.

새벽 4시 반에 다 끝내고 다섯 시엔 어지럽던 부엌이 깨끗하게 치워졌다.

6시에 남편이 일어나 서울역까지 운반해 준다며 부엌에 들어왔다.

"아니, 이렇게 큰 김밥을 어떻게 한입에 다 넣을 수 있나, 이렇게 큰 김밥은 본 적이 없는데 혹시 당신이 망령난 것 아니요?"

"한입에 다 안 들어가면 두 번, 세 번 잘라 먹으면 되지."

"빨리 가거라, 총무가 제일 먼저 가 있어야지."

Z클럽 총무로 있는 딸을 쫓아내며 뒷전에 대고 말했다.

"기차가 7시 반에 떠나거든 다들 하나씩 나누어 드리고, 덧붙여 엄마의 '실패작 도시락'이라 말해 주어요. 회장께도." 이 세상살이

가 제아무리 힘들어도 내가 살아 숨 쉬는 것 이렇게 행복한데….

"실패한 도시락 한 번 참고 잡수세요, 그 속에 내 마음은 있는 그대로 순수함을 팍 쏟았습니다, 사랑도요."

아침 8시 지나 전화통에 불나게 카톡, 카톡 소리가 나는데 모른 척 안 받고 그냥 비몽사몽 했다. 분명 이사들의 고맙다는 인사였을 텐데, 공연히 부끄럽고 미안하고 그냥 아무도 없는 곳으로 숨어버리고 싶은 마음이었다.

거북이처럼 느린 내 모습을 보며 자원봉사를 그만해야 하나 생각한다.

내 힘이 있는 한 봉사하고 싶은데, 자신의 육체적 한계를 아는 것도 나이가 주는 지혜라는 말이 떠오르니 새벽바람이 가슴으로 서늘하게 불어온다. 쓰다가 만 〈노을〉 노래, 어서 끝내라고 어디선가 바람 타고 오는 것 같다.

시속 85킬로로 못 쫓아가고 거북이처럼 느리게 느리게, 그래도 앞으로 나가면 아름다운 종착역 있을 거라고 자신에게 말한다.

진풍경을 보았네

음력 설날 오후에 소원했던 어른을 찾아 뵙고 돌아오던 길에 남산에 있는 호텔에 들렀다. 가끔 혼자서 조용한 오후에 들러 차 한 잔 앞에 놓고 생각에 잠기는 곳이다. 내 고독의 황홀한 시간이다.

설날이라 한가하리라고 생각했던 나는 차들과 사람이 호텔 입구부터 밀려 놀랐다. 낯익은 얼굴이 달려와 발렛 파킹 하고 안으로 들어가니 로비는 발 디딜 틈이 없고 어린이들은 가로세로 뛰고 어른들은 길게 줄 서 객실 절차를 밟고 있는 것 같다. 무슨 잔치인가. 겨울 바캉스인가 아니면 설날 대박 패키지인가. 특급호텔에 안 어울리는 낯설고 아름답지 않은 풍경이었다.

설날 아침 차례상으로 조상께 인사하고 다소곳이 지나는 시간인데, 설다운 한복 입은 어린이 모습도 없고 집 놔두고 아이들 데리고 호텔에서 즐긴다? 생각으로 쉽게 이해하기 어려운 명절 풍속도를 나는 보았다. 내 마음은 좀 어두웠다. 언제부터 이렇게 변했나 하는 거부감도 있었다. 내가 늙은 탓에 신세대 인생을 이해 못 하는 거다 받아들이자 씁쓰레하고 슬퍼졌다. 그래도 한구석 받아들이자, 내 마음을 위해서.

문득 아득한 옛날 나의 유년 시절이 스쳤다. 평창에서 초등학교를 마치고 춘천으로 중학교 시험을 보러 갔다. 산골 마을이라 버스 타고 기차 타고 돌아올 때는 춘천에서 평창 가는 직행버스를 탔다. 그 시절 버스는 고물 같았고 덜컹덜컹 억지로 가는 목탄 버스였다.

춘천에서 홍천을 지나 횡성으로 가는데 S자로 굽은 산 밑에 오면 승객을 모두 내리게 하고 버스는 빈 차로 굽이굽이 쉽게 정상에 올라가 우리를 기다리고 승객들은 숲 속을 헤치며 지름길을 직선으로 나무 가시에 찔리며 올라가서 버스를 탔다. 몇 번을 그렇게 고갯길을 질러갔다. 아침에 떠나 어스름해진 뒤에 집에 도착했다. 차멀미가 심했던 나는 여러 번 토하면서 어린 마음에도 살아가는 것은 참으로 힘든 것이구나 했다.

그때 풀숲을 헤치며 하늘을 보고 신선한 공기와 그냥 "아! 좋다" 함성을 혼자 지른 내 모습이 이따금 선명하게 생각난다. 푸른 산과 하늘이 맞닿은 지평선이 나의 이불이 되어 나는 꿈 많은 소녀로 자랐다. 그때의 나의 설날은 색동저고리 입고 논두렁 흙냄새 맡고 뛰어다니며 꿈을 키우던 보물 같은 아름다운 시절이었다.

반세기하고 30년을 더 흘러간 옛날이야기다. 내가 벌써 하늘나라 갔어야 하는 세월이 갔는데 세상이 열 번 가까이 뒤집히고 새것으로, 새것으로 바뀌었는데 호랑이 담배 피우던 때 이야기 하는 내가 애처롭고 가엾다고 말해 준다면 꼭 끌어안고 이렇게 말하고 싶다.

"나 잠깐, 저승에서 왔는데 설 밥 얻어먹고, 보고 싶은 사람 있어 들렸다"고…. 그런 설날이다. 대단한 격세지감이다. 내가 너무 오래 살았다는 사실에 오늘도 또 내일도 또 고맙다고 세상에 절하고 싶은 마음이다.

2018년 음력 정월 초하루에

김남조 선생님께

 아침 11시에 뉴욕을 떠나 지금은 오후 4시.
 넓은 하늘 한복판 샌프란시스코로 가는 비행기 안에서 문안드립니다. 미국 동부에서 서부로 가는데도 6시간이 걸린다니 역시 넓은 땅입니다.
 다행히도 비행기에는 자리가 많이 비어 세 자리를 저 혼자 차지하고 옆으로 누워서 한잠도 자고, 많은 생각도 할 수 있고… 흐뭇합니다. 창밖으론 하얀 구름 꽃이 내 발아래 뭉게뭉게 돌며 퍼져 가고 그 위에 하늘은 파랗고….
 비행기 타는 것을 평생 두려워하면서도 운명에 맡기고 기도하며 많이도 다녔습니다. 하늘 위로 부웅 떠서 많은 생각, 옛날을 생각합니다. 앞으로의 날은 그렇게 많을 것 같지 않지만 그래도 제가 살아온 날들은 햇빛 가득 찬란했었고 무한한 축복을 받았다는 것을 느끼고 감사할 뿐입니다. 젊음은 다 갔어도 축복은 더욱 크게 저와 함께함을 느낍니다. 그중에서 가장 큰 은총은 뒤늦게나마 선생님 곁에 다가섰다는 것입니다.

옛날에 제가 스무서너 살 때 선생님의 첫 시집《목숨》을 사 들고 무척 행복했던 시절이 있었습니다. 전혜린이와 명동의 '선장' '은성' '동방살롱'에서 막걸리를 마시며 선생님의 시를 읽으며 흥분했었던, 내 삶의 보물 같은 시절이 있었습니다.

왜 그때 선생님을 찾아가지 못했는지 생각해 봅니다. 그때 용기가 없다기보다 선생님을 저와는 너무나 동떨어진 숭고한 여신처럼 생각했기 때문에 감히 찾아뵐 힘이 없었습니다. 선생님의 그 시들이 저를 초라하게 만들고 선생님은 천상의 여신처럼 멀리멀리 있는 숭고한 사랑 속에 있게 했습니다. 저와는 너무나 먼 곳에 있는 우상이었습니다.

그리고 얼마 뒤에 낯선 이역으로 나그네 되어 떠나고 서울에 돌아와선 교단에서 바쁘고, 많은 후회 가득합니다.

1990년 가을 제가 아주 서울로 돌아온 해, 마침 KBS 신작 가곡 위촉으로 선생님의 〈아가〉를 초연하던 날 저는 선생님의 바로 옆자리에 앉아 세상에서 처음으로 불리는 저의 노래를 들었습니다. 그리고 얼마 뒤 선생님은 저에게 두툼한 시 전집을 보내 주셨습니다.

청순했던 청춘에서 오늘까지 저를 순수한 사랑으로 삶을 이끌어 온 저의 얼 속엔 늘 선생님의 시 〈목숨〉 마디마디가 있었습니다. 연지처럼 수줍은 꽃에 입술 갖다 대고 싶은 그런 마음이 그 옛날부터 오늘까지 저와 함께했습니다.

선생님을 지난해 가을 가까이에서 뵙고 저는 아주 행복한, 내게만 하느님이 축복을 주시는 것 같은 어떤 두려움마저 함께 하며 행복에 빠졌습니다.

저만큼 하느님의 축복을 받은 사람이 또 있을까요. 뭉게구름, 구름 꽃 속에 지금 서울 저의 집 정원에 만발해 피었을 핏빛 모란꽃의 모습과 향기를 함께 생각합니다.

선생님!
세상이 좁다고 많은 곳에 다녀봤어도 제 마음에 쌓아놓은 세계만큼 아름다운 곳은 없었습니다. 그래서 저는 늘 혼자 있기를 좋아하고 그 속에서 작업할 때 가장 행복합니다.
내 마음껏 미워할 수 있고 사랑할 수 있는 모든 것이 그 속에선 모두 제 것이기 때문입니다. 그래서 사는 동안 늘 행복했나 봅니다.

선생님!
저의 사랑의 마음 드립니다. 늦게 만나 뵈었지만 소망하는 것은 늦게라도 꼭 가질 수 있다는 진리를 다시 확인할 수 있어서 더 소중합니다. 이따금 선생님 곁으로 다가가도 은밀하게 꼭 반겨 주시기 바랍니다.

샌프란시스코에 다 왔나 봅니다.
다시 땅 위에 두 발 딛고 쓰겠습니다.

Le 16 Avril 2002

어머니 가신지 스무 해 지나고

　2023년 3월의 마지막 날, 내 어머니 91세로 하늘로 승천하신 날, 개나리 꽃이 활짝 피어 '개나리 꽃수레' 타고 가신 날, 나의 슬픈 사랑 노래 김남조의 〈목숨〉이라는 슬픈 노래를 탈고하고 뺀 날이다.
　눈 뜨고 아침 TV 켰더니 내 고향 춘천 출신 조재혁 Pianist가 베토벤 비창 소나타를 번개같이 치고 있다. "이봐 젊은이 좀 Tempo를 약간만 느리게… 해야지… 번갯불에 콩 튀기듯 그렇게 빨리만 가지말구…." 혼자 중얼거렸다.
　피아노 기술이 뛰어나 에스프리 건너뛰고 급히만 가려하나. "좀 약간 진득하게! 그렇게 말해주고 싶네." 표제가 〈비창〉인데 좀 섭섭했다. 내 어머니 생각 좀 하려구. 그 비창 소나타 들으며 울어 보려구.
　겸손하고 엄숙하게 어머니를 추모하자며 부엌으로 들어가 일상의 일에 충실했다. 남편의 밥짓기, 청소하기, 시시한 일거리와 찔끔찔끔 내 어머니 생각하니 걸레 든 손에 힘 빠지고 주저앉아 한참 울었다. 어머니 가시고도 12년의 세월이 갔는데 웃음도 있고 그리움도 있고 효도 못한 슬픔도 범벅이다. 그 옛날 아들도 아닌 첫딸이라고 괄시해도 되는데 아들보다 더 내게 공들인 어머니 사진 앞에서 또 울었다. 고맙다는 말 대신에.

나의 음악 어법語法, 나의 작곡 탐구

나의 음악 어법語法, 나의 작곡탐구

김규현: 유학 전의(1950~1956) 작곡 경향과 유학 시절(1958~1961), 그리고 귀국 후의 작품 어법이나 기법 등은 무엇이고 그것이 오늘날 어떻게 이영자 음악으로 정착되어 있는지요?

이영자: 대학(1954)과 대학원(1956) 재학 때나 졸업 당시에는 조성을 기본으로 자유 조성free tonality적인 작품을 주로 쓰거나 중심음central tone을 이루는 음을 선택해서 작품을 썼습니다. 학창 시절 은사인 나운영 선생님으로부터 현대음악을 알게 됐습니다. 그리고 유학 시절엔 파리 국립음악원에서 토니 오뱅Tony Aubin에게 작곡을, 노엘 갈롱Noël Gallon에게 대위법과 푸가를 사사했고, 프랑스 파리 제4대학(소르본)에서 음악학으로 D.E.A.를 받았습니다. 그때 논문으로《올리비에 메시앙의 관현악곡 분석과 미

학적, 윤리적 연구〉를 썼습니다. 파리의 음악교육은 국수주의와 보수성이 농후하기 때문에 제가 교육받고 쓴 당시의 기법은 12 음렬 기법과 전위적인 기법이 아닌 전통적 기법, 즉 피아노 변주곡, 모음곡 등과 드뷔시나 라벨의 인상주의 양식과 스트라빈스키, 바르토크의 근대적인 기법에 국한되어 있었습니다. 귀국 후엔 음 하나하나에 한국인의 영혼을 투영시키려고 흔히 쓰는 12 음렬 기법이 아닌 12개의 음을 제 나름대로 사용하되, 한국적인 방법을 모색해서 근대적인 작품을 썼습니다. 최근에는 12개의 음에서 선택한 7개의 음을 중심축으로 사용하면서 상대적인 5개의 음을 다시 중첩시키는 작업을 하고 있습니다. 예를 들어 《Auto Portrait pour Harpe et Piano》(1990)에선 12음을 6개의 두 그룹으로 나누어 하프와 피아노의 각 성부에 6음씩 적용시켰으며 이렇게 선택한 6개의 음을 하프에서 페달 조율할 땐 주자의 페달 조작의 어려움을 감소할 수 있었고, 두 악기가 동시에 연주될 때에는 12개의 음 조직 tone structure이 복합적으로 음색 변화되어 다양한 음을 유출하게 했습니다.

김 : 주로 국내(이대 음대와 대학원)와 프랑스 파리 제4대학, 그리고 벨기에의 브뤼셀왕립음악원에서 공부하셨습니다. 국내와 유학 시절에 작곡 공부를 위한 탐구나 방법론이 있으시다면 어떤 것들인지 듣고 싶습니다.

이 : 국내 학부 시절엔 주로 일본어 원서로 작곡을 공부했고, 음악감상이나 정보 등은 명동의 '하모니' 종로의 '르네상스' '돌체' 같은 음악감상실을 통해서 듣고 알았습니다. 유학 당시엔 음악분석, 대위법, 화성법, 푸가의 기초 이론 및 작곡기법 등 다양한 분야를 체계적으로 공부했습니다. 외국의 많은 현대음악회를 참관하고 세계 현대음악 작곡가들과 토론을 통해서 현대음악의 정보와 지식, 견해 등을 터득한 것이 저의 공부 방법이라고 하겠습니다.

구상에서 구성까지의 작곡방법론

김 : 작곡을 할 때 사전 구성이나 계획을 조직적으로 해 놓고 작업(structural composition)을 하시는지 아니면 직관적 즉 자유로운 악상(musical idea)에 의한 작업을 하시는지 알고 싶습니다.

이 : 집을 지으려면 설계도가 필요하듯이, 설계도를 만들어 기초 작업을 해 놓습니다. 그리고 전체적인 구상을 한 후 작업에 임합니다. 작품 구상 기간은 두 달 정도 걸리고, 방법은 매일의 생활을 음악 속에 포함, 융화시켜 모아진 아이디어를 메모한 뒤에 최종단계에서 정리합니다.

김 : 화음 선택이나 음악적 조직 등 그동안 모아진 여러 악상을 모아서 전체 구성을 하신다는 말씀이군요. 반복되는 질문 같지만, 작업하기 전의 구상plan과 구성composition의 방법론

을 구체적으로 듣고 싶습니다.

이 : 최근에는 수치 이론을 작품에 적용시키고 있습니다.《Auto-Portrait pour Harpe et Piano》에서와 같이 음 조직의 방법으로 음렬을 만들어 분할하고 배분한 뒤 자작 음계tone structure를 형성합니다. 예를 들어 16분 음표 음가를 단위로 보았을 때 8분음표는 2가 되며, 4분음표는 3이 됩니다. 이렇게 리듬이 적용된 숫자의 순열permutation, 2, 4, 1, 6 등을 배분 및 조합시켜 작품에 나타냅니다.

김 : 그렇게 구조적으로 작품을 쓰신 결과와 구조적으로 쓰지 않았을 때의 음악적 결과와 차이점은 무엇이었던가요?

이 : 논리성과 신빙성, 정당성이겠죠?

김 : 그렇군요. 이번에는 소재와 리듬 선택은 어떻게 하시고 그것을 하나의 작품으로 구체화하는 방법을 듣고 싶습니다.

이 : 한국적인 사고를 밑바탕으로 작품의 내용에 적합하게 음과 리듬을 선택하지만, 그것이 간접적이고 총체적으로 제 작품에 나타난 결과는 프랑스 풍French style or nuance화되어 버리는데 저는 이것 또한 저의 개성이라고 생각합니다. 오늘날 대다수 현대 작곡가들이 한국성을 작품에 표출시키려고 노력하듯이 저 또한 마찬가지입니다. 예를 들어 〈아리랑〉의 음

계적 특징을 제 작품의 음 조직에 반영시켜 12음 내에서 온음으로 형성된 상행 6음과 그 나머지 하행 6음을 만들어 작품에 사용하는 방법들을 통해 한국성을 표현하고자 했습니다.

김 : 12 음렬 음악에서와 같이 사운드의 단순성 내지 획일성 문제는 어떻게 피해가고 극복하십니까?

이 : 파리국립음악원의 알랭 벤케Alan Benket 교수는 3/4의 미분음micro tone만으로 작업을 하는데 이것은 그의 사고의 선택 결과입니다.

제가 현존하는 다양한 작곡기법을 연구하던 중에 느낀 것은 영혼이 담긴 아름다운 음악을 추구하려는 저의 목적을 부합시키기 위해서는 앞에서 언급한 방법들을 필연적으로 선택할 수밖에 없었습니다.

음 소재와 작품 경향

김 : 서양 음악과 우리 음악의 구조적 개념의 차이를 새로운 차원에서 구성하고 발견해야 한다고 봅니다. 선생님은 이에 대한 어떤 방법론이 있으십니까?

이 : 작곡가의 연령 시기에 따른 창작 의욕을 고찰할 때 30~40대는 새로운 차원의 음악 방법 및 기술을 발견하는데 노력해야 하며, 50~60대는 이런 것들이 정착되어가는 성숙한 자기 정신

과 영혼이 담긴 작품을 써야 할 것입니다. 인생 황혼기의 저는 비로소 참 음악을 발견하고 참 작품을 인식하며 참 미美가 담긴 작품을 감지할 수 있게 되었습니다. 저는 평균율에 의한 12음만 가지고도 제가 목표하는 의도와 국적과 시대성이 내포된 저 자신의 고유성과 혼이 깔린 음악을 창출하고 있습니다.

김 : 선생님 작품에 중심을 이루는 음 소재, 테크닉, 이디엄idiom, 스타일, 형식 등은 어디에서 출발한 것이고 그것은 주로 어떤 작품에 적용하셨습니까?

이 : 소재, 테크닉 등 보다는 작품 제목의 의미성과 그것에 관련된 제 이야기를 중요시합니다. 저는 표제성이 함유된 작품을 많이 썼는데, 인간의 이야기 속에 담긴 정신, 미적 요소, 변화, 긴장과 이완, 극적인 요소 등의 스토리를 바탕으로 그에 적합한 음과 리듬, 화성 등의 요소들을 응용하여 창출하고 전개시킵니다."

김 : 만약 선생님의 작품을 분석할 때 어떤 방법과 이론을 적용해야 될까요?

이 : 제 작품은 음, 리듬 등에 정확하게 "딱 떨어지는" 논리적인 분석이 가능합니다. 작품은 작곡가가 고인이 된 후에도 후세에 남겨져 재연되고 분석될 수 있습니다. J.S. 바흐, 베토벤, 바그너 등이 미래를 예견하고 논리적인 작업, 즉 "딱 맞아떨어지는" 작품을 의도하여 쓰지는 않았지만, 우리가 그들의 작

품을 분석할 땐 정확한 분석이 가능합니다. 이것은 그들 자신의 철학과 사상, 그리고 사고를 작품에 표출하기 위해 사용된 방법이지 목적이 아닙니다. 따라서 작가에게 필요한 것은 서슴없이 작품을 버릴 수 있는 자세와 자신의 의도가 작품에 적합하고 후대에 분석될 수 있는 작품을 쓰는 것입니다. 그래서 저도 "딱 맞아떨어지는" 작품을 쓰려고 노력하고 있습니다.

클라이맥스 설정과 표현적 음악정신

김 : 작품의 클라이맥스 설정과 패턴 등을 어떻게 하시는지 듣고 싶습니다.

이 : 리듬과 음역의 활용(고음, 저음, 중음), 그리고 화성의 밀도 destiny의 다이내믹 처리, 또한 클라이맥스 설정을 어느 지점에만 두어야 한다는 당위성에서 벗어나 정적인 약음 클라이맥스 등 다양한 방식으로 클라이맥스를 설정하고 있습니다.

김 : 선생님 작품의 다이내믹, 밀도, 음향, 페르마타, 표현, 템포, 아티큘레이션 등의 개념은 서구 작곡가들과는 어느 점이 다르고 어떤 의미성을 갖고 있습니까?

이 : 메시앙은 《음가와 강도의 모드》에서, 블레즈는 《구성 I》에서, 다이내믹, 템포, 아티큘레이션, 어택 등을 순번화 하여 조직한 총체적 유기체 Tonal Organism를 제시했지만 제 방법은

그 뉘앙스를 염두에 두고 작품의 이야기 전개 과정에 따른 조화로운 쓰임, 즉 정적인 장면은 정적으로, 동적인 장면은 동적으로 표현하는 것에 적용했고, 그 의미성도 두었습니다.

김 : 선생님 작품에 나타난 구조적인 수평적·수직적 공간개념의 패턴과 구도는 어떤 양상을 띠고 있으며, 무엇을 의미하는지요.

이 : 화성법, 대위법, 작곡기법을 공부했지만 제가 배운 이 모든 기술이 한 작품에 모두 다 사용되진 않습니다. 최근의 음악은 수직적으로 화성개념이 형성되거나 수평적으로 조직하되 청자에게 수직적인 공간을 유도하는 것이 많습니다. 저는 오케스트라 작품을 쓸 때 여러 개의 선을 수평적으로 전개시키지만, 한편으로는 수직적인 불협화음을 추구하는 데도 적용합니다. 이것은 저의 미학과 철학적 바탕에서 출발한 것으로서 구도의 본질이기도 합니다.

김 : 지금까지 쓴 작품들이 자신의 의도에 부합되고 음흠으로 구체화되어 나타났다고 보십니까?

이 : 저는 작업 기간에 제가 의도한 소리를 찾고 연구하며 제 고유의 음색을 악보에 정확하게 표시합니다. 그래서 만족합니다. 간혹 작품 연주 시 연주자의 표현에 불만이 있긴 하지만 작곡가로서 오선보에 자신의 이야기를 충실하게 담는 과정이 중요하다는 것을 늘 인식하고 있습니다.

김 : 한 작품을 발표한 후 수정 보완을 하십니까?

이 : 완성된 후의 수정 보완은 되도록 하지 않습니다. 왜냐하면, 처음 유도한 작품과 다른 내용의 작품이 될 가능성이 있기 때문입니다.

김 : 주로 작곡은 어떤 시간에 하며 작곡에 소요하는 시간은 얼마나 되는지요.

이 : 유학 후 저는 젊은 시절의 많은 시간을 교육에 전념했기 때문에 보람이 크기도 했었지만, 한편으로는 작품을 쓰는 시간이 부족해지기도 했습니다. 과거에는 강의와 회의 때문에 밤 11시에서 새벽 4시 사이에 작품을 쓰는 것이 습관화되었습니다. 현재는 위촉이 오면 쓰고 발표할 데가 있으면 오전 9시부터 하루의 모든 시간을 투자합니다. 과거에 학교 일이나 강의 때문에 쓰고 싶었던 많은 곡을 쓰지 못한 것이 지금에 와서는 아쉬운 감이 있습니다.

김 : 선생님 작품이나 정신세계에 영향을 준 작가는 누구이고 작품은 어떤 것인지 듣고 싶습니다.

이 : 학부와 대학원 당시엔 브람스, 드뷔시, 스트라빈스키, 바르토크 등의 작품을 선호했고, 유학 시절에는 메시앙의 작곡기법 (조 옮김이 제한된 선법, 부가리듬, 새소리 선율 등)과 87년

그의《올리비에 메시앙의 관현악 음악의 미학, 윤리적 연구》라는 논문을 작성하면서 그의 철학적 미학적 사상에 영향을 받았습니다.

김 : 평소 선생님의 작곡 관심사는 무엇이고 어떤 작품을 쓰고 싶은지요.

이 : 메시앙 작품을 연구하면서 그가 새소리를 중심적으로 연구하고 그 속에서 리듬, 화성, 선율 등을 발견한 그는 그 의문을 해결하고 하나님에 귀의한 그에게서 종교관을 볼 수 있었습니다. 제 작품은 비종교적이지만 하나님께 향할 수 있는 음악을 쓰되 고도로 승화된 곡을 쓰려고 합니다. 또한, 오페라에 관심을 두고 있으며 현대적인 이야기에 자신의 승화된 종교성을 내포한 오페라를 쓰고 싶습니다. 저는 작품에 욕심이 없습니다. 그 이유는 음악은 제 삶의 전부이며 작품을 먹고 음악 속에서 살아가는 데에 행복을 만끽하고 음악에 늘 감사하기 때문입니다.

작품의 시대성과 세대성, 그리고 한국성

김 : 작품의 시대성과 세대성에 관한 견해를 듣고 싶습니다.

이 : 저는 시대성을 반영한 작품을 써야 하는 데에는 동의하지만 세대성엔 반대의 입장입니다. 음악이란 상호 영향을 주고받는 성격의 예술 장르입니다. 20대, 40대, 60대의 작곡가들이

각각의 독립적인 세대성을 주장하여 판이하게 다른 성격의 작품을 쓰는 것보다 세대를 통합하여 서로의 음악을 교환하고 세대를 초월해서 함께 발전할 수 있다고 봅니다. 그리고 그런 창작계가 되었으면 하는 바람입니다.

김 : 1874년 모네(1840~1926)의 〈인상〉과 〈해돋이〉로부터 출발한 인상주의가 1887년 드뷔시의 〈봄〉과 《영상》, 그리고 《목신의 오후에의 전주곡》으로 이어짐을 볼 수 있습니다. 선생님의 《self-portrait: 자화상》이나 피아노 소나타 《熱과 情》 등은 이런 인상파 작가들과의 관계성이나 연계성이 있다고 보십니까, 자매 예술로서의 맥을 같이 한다고 보십니까?

이 : 제 작품 세계는 저만이 파악할 수 있으므로 저만의 작곡 방법이나 기법이 될 수 있지요. 예를 들어서 《Auto portrait pour Harp et Piano》는 저의 60세 자화상을 그린 작품으로 선대先代의 작가들과는 전혀 다릅니다. 그리고 저는 미적이고 영혼적인 정신을 작품에 반영하고자 하는데 이것은 19세기 낭만주의의 슈만이나 슈베르트 등의 낭만성과는 다른 현시점에서의 제 고유의 낭만성을 추구하고 있습니다. 간혹 다른 이들이 제 작품을 일컬어 신 인상주의Neo Impressionism이나 신 낭만주의Neo Romanticism적이라고 합니다. 그러나 다 그렇지는 않습니다.

김 : 선생님의 작품에 나타난 한국성과 다양성은 무엇이고 그 양상은 어떤 모습입니까?

이 : 우리 세대는 서양의 화성학이나 대위법 등의 음악 이론과 작곡기법을 배웠지만, 오늘날 다양한 종류(전자음악, 공간음악, 미니멀 음악, 전위음악 등)의 현대음악이 존재하는 이러한 시대와 사회적 상황에서 작곡가들은 시대성과 동양성, 한국성에 관한 연구와 작품 작업에 많은 시간과 노력을 투자해야 합니다. 또한, 한국성과 동양성의 명확한 개념 설정은 창작 과정에서 수립될 수 있지만, 저 역시 그 개념을 정의하기는 어렵습니다. 다만 작가적 입장에서 그에 대한 저의 고민을 나타낸 작품이 《Sonata for Piano '열熱 그리고 정情'》(1985)으로서, 제1악장에서는 향토색 짙은 민족성을 그렸고, 제2악장엔 옛날 한국 여인들의 마음속에 잠긴 슬픔, 고통, 비애와 같은 한을, 제3악장엔 여인들의 한이 대장간의 뜨거운 불꽃처럼 강렬하게 터지는 것을 원시적인 모습으로 나타냈습니다. 여기서 저는 서양적인 색깔인 증4도나 장7도 중심의 불협화음을 사용했으며, 미, 레, 라, 솔이라는 선율과 농악의 리듬을 작품에 적용시켜 한국성에 관한 관심 및 노력을 표출했습니다.

작품 제목의 의미성과 작곡 교육의 문제점

김 : 작품 제목을 보면-소나타, 소나티네, 발라드, 모음곡, 콘체르토 등과 같이- 전통적인 양식과 형식 개념을 느끼게 하는데 제목이 주는 의미성은 어떤 것이고 전통적 작품 양식과 개념이 어떻게 다른가요?

이 : 제 이야기를 표출하는 데 적합한 양식을 추구하기 위해 그와 같은 양식들이 쓰였으나 전통적 개념의 양식은 아닙니다. 예를 들어 1983년도의 《플루트 소나타》는 소나타 형식이지만 그 내용은 진혼곡의 성격을 묘사한 것입니다.

김 : 《소프라노와 하프를 위한 3개의 사랑 노래-애가》를 보면 선율 구조 개념과 소프라노, 하프의 화성구조 개념이 상대적이고 대칭적인 구조를 형성하고 있는데 소프라노와 하프 양 선율의 표현양식의 주 기법과 음악적 언어는 어떤 것들인지 듣고 싶습니다.

이 : 김남조의 시詩를 음악적으로 표현하려고 하프라는 표현 매체를 선택했고, 한국적인 음 소재를 고안한 후, 음에 수치 이론을 적용시켜 전개한 것입니다. 성악 선율은 미 솔 라, 미 솔 미, 레 라 레, 도 파 솔 도 파, 레 라 솔의 온음계로 진행되며 이것을 보완하기 위해서 하프가 시의 분위기를 묘사하는 대칭 구조가 되도록 했습니다.

김 : 그동안 많은 대학(연세대, 이화여대, 한양대, 서울대, 추계예대, 건국대, 경희대, 경원대)에서 작곡 이론과 실기를 가르치셨고, 또 대학 교육행정에 대해 훤히 알고 계시는데, 선생님께서 현재 대학 작곡 교육의 문제점과 좋은 대안이나 방향 및 해결책을 제시해주신다면 어떤 것이 있을까요?

이 : 한국만큼 작곡과 학생들이 많은 곳은 세계 어디에도 없습니다. 이런 현상은 우리 사회가 초래한 문제점으로, 학생들은 대학 입학으로 작곡 공부를 모두 마친 것으로 사고하는 잘못된 태도를 지니고 있습니다. 이런 자세를 버리고 전력투구하여 대학에서 주어진 시간을 낭비하지 않아야 합니다. 좋은 교수는 학생의 능력에 적합한 교수법이며 획일적인 교육, 즉 어떤 특정한 방법대로 작품을 쓸 것을 강요하는 것은 금해야 합니다. 한국 음악대학 교육제도의 개선점은 제도적으로 학부 과정에서는 엄격한 전통기법, 대학원에선 현대기법을 연마하게 할 수 있게 하여 학생 스스로 고유한 독창적인 작품을 창출할 수 있는 작곡가가 되도록 도와주어야 한다는 점입니다. 예술은 전수입니다. 교수들도 역사적, 양식적 음악 내용을 단계적으로 지도하여 학생들이 체계적인 이론 답습을 바탕으로 작품을 쓰게 해야 합니다.

김 : 끝으로 진정한 작곡가상像과 정신을 든다면 어떤 것들이 있을까요?

이: 예술에 임하는 태도는 순수해야 합니다. 실적 쌓기 위주로 무작위로 작품을 쓰는 습관을 버리고 직업적 장인정신으로 철학과 사상, 혼이 담긴 작품을 써야 할 것입니다. 그런 사람이 진정한 의미에서 작곡가이고 정신이 아닐까요. 앞으로 저는 진정한 작곡가의 길만 가려고 합니다.

2011 San Francisco 음악회 인터뷰

질문 1 : 오는 2월 6일 San Francisco에서 작품 발표하는 프로그램은 무엇인가?

답 : 《피아노를 위한 8개의 변주곡》,《피아노 독주를 위한 프로방스의 추억》,《6개의 서정시 곡》,《3대의 고토를 위한 슬픈 노래》등 9개의 작품이 연주될 예정이다.

질문 2 : 이 작품은 미국에서 처음 연주되는 것인가?

답 : 《3대의 고토를 위한 슬픈 노래》는 이번 San Francisco 발표회를 위해 우든 피쉬의 위촉으로 작곡되어 세계 초연된다. 그 외는 모두 미국 초연이다.

질문 3 : 어떤 경위로 이 음악회를 하게 되었는가?

답 : 2011년 11월 서울 금호아트홀에서 나의 80세를 기념하는 작품발표회를 계획하고 있다. San Francisco에 거주하고 있는 작곡가 나효신의 미국에서도 발표하자는 제

의로 2011년 벽두에 발표회를 갖게 되었다. 11월의 프로그램은 다르다.

질문 4 : 1931년생으로 작곡가가 된 것은 당시로써는 드문 일이었을 텐데 작곡으로 결심한 계기가 특별히 있는가?

답 : 1950년 만 19세에 한국전쟁을 겪고 96일 동안 인민군 치하에서 암흑과 같은 처절한 경험을 했다. 삶과 죽음의 한복판에서 부모 형제, 친구, 아는 사람 하나 없이 방황하며 굶었을 때 삶의 바닥의 고통을 겪고 공포에 떨며 다시 살아난다면 피아니스트의 꿈을 버리고 인간의 영혼을 치유할 수 있는 음악을 만들리라 결심하여 작곡의 길을 들어섰다. 한국전쟁의 한복판에서 맹렬히 창작 공부를 했다. 지금 생각해도 이해 안 되는 나의 음악 인생의 시작이다. 음악을 이해 못 하는 부모 밑에서, 피아노도 없이 학교 피아노로 피아니스트가 되려는 만용과 부모의 반대와 환경에서 이겨내서 오늘까지 음악 속에서 산다는 것은 나도 이해 안 되는 점이다.

질문 5 : San Francisco에 거주하는 심호택과 특별한 인연을 갖고 있다고 들었다.
60년 만의 재회를 앞두고 어떤 심정인가?

답 : 6·25 전쟁 당시 이화여자대학교 기숙사를 나와 3일 동안 걸어 춘천에 도착했고, 있을 곳이 없어 강원도를 무작정 그냥 걸었다. 혹시 어느 길목에서라도 부모 형제 소식

을 들을 수 있을까 하는 생각 하나로 홍천으로, 횡성으로 B29 폭격 속을 방황했다. 그때 빈집에서 굶으며 숨어 살다가 더 이상 견딜 수 없어 심호택 씨 집을 찾아가 밥을 먹게 해달라고 했다. 그 댁에서 전쟁 시작 후 처음으로 쌀밥을 먹었다. 9월 25일, 나는 서울을 향해 다시 걸어왔고 3일 뒤인 9월 28일 연합군의 입성으로 나는 살아나 후에 가족도 만났다. 그 후 심호택 씨를 찾아가 감사의 인사를 하려 했으나 만나지 못했고 행방을 알기 어려웠다. 마음속에 늘 굶어 죽어가는 나를 살려 준 은인이기에 감사의 인사를 가슴 가득 품고 살았는데 2010년 3월 9일 San Francisco에 살고 있다는 심호택 씨가 내게 전화를 해줘 너무 놀랐다. 내게는 엄청난 쇼크였다. 60년이 지났는데…. 내가 80세가 되어 가는데 90이 넘은 그가 살아있다니. 기적이자 축복이고 대단한 은총이라 감사할 뿐이다. 이번 2월 미국 가면 꼭 만나보고 싶다. 그가 오랜 세월 94세까지 살아오신 것이 아주 고맙다. 내 인생에 결실을 얻은 기분이다. 기적 같은 축복이다. San Francisco에 사는 제자 나효신의 공로에 눈물겨운 감사를 전하고 싶다. 10여 년 전, 제자 나효신에게 심호택 선생의 얘기를 들려주었었는데 그것을 기억하고 있던 그녀가 어느 우연한 기회에 심호택 씨를 만나 내게 전화해주었다. 나의 삶의 황혼에 와서 하느님의 축복이 충만함에 감사할 뿐이다.

질문 6 : 현재도 계속 작곡하고 있는가?

답 : 한 편의 음악을 만들고 발표하고, 얼마 동안 휴식하다 다시 작곡하고, 그렇게 지낸다. 나는 60년 넘게 음악을 먹고 음악을 입고 음악 속에서 고령이 되고, 인생의 황혼에 서 있으니 더욱 창작 음악 속에 내 육체와 영혼이 숙성되어간다고 믿고 싶다.

질문 7 : 한국음악계의 원로로서 후배들에게 하고 싶은 말은?
답 : 요즘 우리나라는 대중음악이 압도적이다. 뮤지컬로 청중을 매료하고 있다는 점이 아쉬운 점이다. 좀 더 순수한 예술 음악으로 이 시대를 격상시키고, 격조 있는 사회와 인격을 음악으로 승화시켜주었으면 오늘을 사는 우리가 정서적으로 안정되지 않을까 생각해본다. 범람하는 실용음악, 산업 음악에 밀려 순수예술 음악을 탐구하는 작곡가가 날로 감소하고 예술성도 고갈, 결여되어가는 것이 가슴 아프다. 그러나 한편으로 순수예술 음악은 "아무나 하는 것이 아니다"라고 말하고 싶다.

질문 8 : 음악으로 살아 온 오랜 세월 동안 가장 큰 보람은?
답 : 음악이 좋아 음악 속에 살아왔다. 대학에서 많은 제자에게 순수예술 음악을 가르치고 그들이 스승을 뛰어넘어 더 훌륭한 작품을 쓰고. 세계가 하나가 되는 지점에서 많은 작품으로 활약하는 것을 지켜볼 때 뿌듯하고 보배롭고, 감사하다. 그래서 San Francisco의 작곡가 나효신은 보배롭고 유능하고 재기才氣 넘치고 성공한 제자여서

행복하다.

질문 9 : 일하는 여성으로 살면서 특히 힘든 점은?

답 : 모든 것이 힘들었다. 특히 여성이므로 더욱 힘들다. 시대는 거의 한 세기 가깝게 흘렀어도 여전히 우리 여성들에겐 봉건적인 장애가 많다. 그 속에서 눈부시게 뛰어난 여성들의 활약도 많다. 내 생각으로는 우선 가정의 안정으로 여성의 역할을 다 하고 자기의 전문성에 정열을 다 쏟는 것이 건전하다고 생각한다. 아무리 힘들어도 가정에 충실치 않으면 반석 위의 집이 아닌 모래성 같은 집이 될 것이고 그 모래성 위에 순수예술 음악은 존재할 수 없다는 것이 나의 철학이다. 예술은 "미친 사람만이 할 수 있는 행위"이지만 건전함을 바탕으로 미치는 것이 예술이라고 믿고 있다. 인간으로 살면서 성실과 정열과 믿음으로 매진하면 그 어떤 힘든 일이든 다 극복할 수 있다. 나는 그 신념으로 오늘까지 달려왔다.

질문 10 : 새해 소망은?

답 : 특별한 소망은 없다. 이 나이에 지금도 오선 위에 음악을 만들며 기쁨을 느끼고 사는 것. 내 음악으로 남들의 영적 삶에 치유를 줄 수 있다는 마음으로 잔잔하게, 욕심 없이 감사하며 사는 날 끝까지 똑같은 소망으로 갈 것이다.

질문 11 : 순수 고전음악 음악계의 현재 상황을 어떻게 보는가?
답 : 순수 고전음악은 현재 사양길에 있다고 본다. 범람하는 대중음악과 그 청중이 광란의 모습이지만 그것도 시대사조의 흐름으로 자연스럽게 함께 공존해야 한다고 본다. 그러나 지구가 돌듯이 시대는 흐르고 돌고 돈다. 지금은 시대사조에 밀려가고 있지만 언젠가는 다시 복고풍의 패션이 돌아오듯 순수 고전음악도 다시 크게 돌아올 것이다. 20, 30년 뒤에라도 예술은 지고至高하고 준엄한 우리 인간 영혼의 양식이라고 나는 믿고 산다. 혼탁한 현 사회상을 바꿔줄 순수예술 음악이 지금은 냇물처럼 흐르지만 반드시 바다처럼 넓고 깊게 우리를 치유해줄 것이다.

질문 12 : 현재 어떤 작품을 쓰고 있나?
답 : 2010년 12월에 《3개의 고토를 위한 슬픈 노래》를 작곡하여 San Francisco에 보냈으며 이어 2주 만에 서정예술가곡 〈구름 카페〉를 작곡했다.[1] 2011년 1월부터는 5월에 열리는 "서울음악제" 위촉 곡인 《비올라 Sonata》를 시작했다. 여름부터는 관현악과 혼성 합창을 위한 《Cantata 백두산을 바라보고》(이은상 詩)를 쓴다. 2003년 피아노 반주로 작곡하여 미발표로 남아 있던 곡인데 내년에라도 세계 초연하고 싶다. 가을에는 〈이영자 작

---

1 구름 카페는 수필가 윤재천 교수의 수필을 축소하여 작곡하였다.

품발표회〉를 11월 20일에 가질 예정이다. 끊이지 않고 계속 작품을 쓰는 것이 고되고 때론 괴롭지만 그렇게 몸과 마음이 하나 되어 달려가는 노년의 정열을 허락해 준 건강과 나를 둘러싼 환경과 나를 사랑하는 모든 분에게 감사한다.

질문 13 : 2월 6일 공연에 참석할 예정인가?
　답 : 기쁨에 흥분하여 감사하며 갈 것이다.

질문 14 : 언제 도착하며 음악회 외 어떤 일정을 계획하고 있는가?
　답 : 1월 30일 정오에 도착 예정이다. 음악회 외에는 60년 만에 재회하는 은인을 만나는 감격의 상봉만이 있다. 그리고 2월 9일에 예술의 전당에서 나의 《Violin Sonata, 1955》이 연주될 예정이어서 이번 연주회 다음날인 2월 7일에 귀국할 예정이다.

나의 이화 회고

이화 음악 114년의 음악교육

1886년 동방의 조용한 아침의 나라에서 태동한 이화학당이 한 세기를 넘게 뿌리내리고 우리나라만이 아니고 세계에서 가장 큰 여자대학으로 성장했다는 것은 자연의 힘도 아니고 우연도 아니고 선배들과 모든 이화인의 피나는 노력의 결과라고 생각된다. 이제 세계 어디를 가도 이화인들이 깊숙이 뿌리내리고 이화의 반석을 다지며 이화의 얼을 넓히고 있음을 볼 때 진심으로 벅찬 기쁨과 보람과 사랑을 느끼며 그 축복 받음에 감사하다.

2000년, 새로운 천년 맞이 첫해가 저물면서 이화와 나의 지난날을 뒤돌아보는 것도 감회와 뜻이 깊다. 이화는 나의 삶의 고향이다. 대학 4년, 대학원 2년을 마치고 유학을 떠나 학문의 새로움을 더욱 깊게 배우고 돌아와서 모교에서 후배를 위해 가르치던 20여 년을 합치면 나는 거의 30년을 이화 속에서 숨 쉬고 살았다. 이화를 떠난 뒤 오늘날까지도 나는 그 숨결에 잠겨 마치 어머니의 품 같은 아늑

함 속에서 안식하고 있다. 또한, 내 생애의 마지막까지 이화의 얼은 내 삶의 기둥으로 서 있어 주리라고 믿고 있다.

나와 이화와의 인연은 하나님의 은총이었다. 나는 강원도 원주에서 태어났고 평창에서 초등학교, 춘천에서 중·고등학교를 마치고 1950년 5월 10일 이화여대 예술대학 피아노 전공으로 입학했다.

음악을 전혀 이해 못 하고 피아노도 본 적이 없는 부모 밑에서 맹렬한 반대를 무릅쓰고 학교 피아노로 음악공부를 하였다. 그 노력의 결실로 선택받은 대학 생활도 한 달 남짓 공부하고 6·25를 맞았고 꿈은 산산이 부서졌다. 학교는 문 닫고, 기숙사에서 버려지고, 비참한 고아가 되어 9월 28일까지 잃어버린 부모 형제를 찾아 헤매고 방황하였다.

1951년 1월 인민군의 남침으로 부산으로 갈 때까지 파란만장한 7개월이었다. 그리고 1951년 11월 부산 대신동에 몇 개의 천막 교사를 준비하고 이화여대는 다시 시작하였다. 1950년에 입학한 우리 학년은 송두리째 2년을 잃은 것이다. 아마 이화의 역사에서 가장 많은 수난을 겪은 학년이라고 생각한다.

1952년 3학년 두 학기를 처음으로 충실하게 마쳤고 53년의 4학년 1학기를 마치고 종전과 함께 모두 서울로 환도하였다. 4학년 2학기를 폐허가 된 어수선한 서울에서 그러나 의젓하고 아름다운 신촌의 캠퍼스에서 공부하고 다음 해 2월에 졸업하였다.

참으로 억울하고 어수선하게 공부했던 그러나 진정한 삶의 교훈과 배움의 욕망을 애절하게 펼치고 터득했던 그 나름의 알찬 시기였다. 그 당시 부산에서의 전교생은 모두 500명 정도였다. 우리 학년은 입학할 때 60명 정도였다고 생각되는데 졸업할 때 15명이었다. 예술대학 음악학부 학생은 전 학년이 6, 70명 정도였다고 생각된다.

가교사는 흙바닥에 천막을 치고 바닥에는 긴 나무토막을 깔고 그 위에 앉아 수업했다. 책 펴기도 노트하기도 불편했고 쭈그리고 앉았다 일어나면 옷은 온통 흙먼지로 뒤범벅이 되고 수업 끝나는 종소리가 들리면 그나마 몇 개 있는 피아노 연습실을 차지하기 위해 흙먼지와 함께 달려가는 모습이 가관이었다. 한 대의 피아노에 몇 명이 매달려 순서를 기다리는 악조건에서도 나는 바흐, 쇼팽, 베토벤의 소나타를 쳤다.

그 당시는 채선엽 선생님이 학장이셨다. 서울에 환도해서는 김영의 선생님이 학장이 되셨다. 그 당시 부산에서 우리의 교과과정은 기억을 더듬어 보면 화성학과 합창은 임원식, 대위법 및 후그는 나운영, 청음 시창은 민원득, 기독교 문학은 김옥길, 찬송가 지휘법은 김영의, 불어는 이휘영, 음악사는 정희석 선생님이었다. 후에 환도해서는 음악감상에 김인수, 합창에 Miss Fulton도 생각난다. 당시는 향학열은 있어도 악보도 음반도 구하기 어려웠다.

나는 1951년 초봄, 학교도 시작하기 전 어느 날 우연히 거리에서 눈에 띄는 "나운영 작곡 교실"이라는 현수막을 보고 그 길로 나운영 교수를 찾아갔다. 내겐 잊을 수 없는 추억이 있다. 1948, 49년 고등학교 시절 음악 교과서에 있는 나운영 작곡의 〈가을〉과 김순애 작곡의 〈물레〉라는 노래에 매료되어 애창했다. 그 노래를 부르며 꿈을 키우고 이 두 분의 작곡가들을 존경했고 그리워했고 미래의 삶의 지표로 삼고 싶어 했다.

얼마나 멋있고 나이 드신 분일까. 그래서 이렇게 무르익은 아름다운 음악을 만들 수 있을까. 그러나 내가 찾아간 나운영 선생님은 30세의 젊은이였고, 어느 날 남성여고 강당에서 있었던 음악회에서 합창지휘 하시는 김순애 선생님도 30세의 한창 젊은 미모의 여성이었다. 그때 나의 경의와 선망 그리고 신선한 충격을 아직도 잊을 수 없다. 나는 나운영 선생님께 사사하여 화성학을 끝내고 짧은 가곡과 피아노 변주곡을 쓰게 될 무렵인 11월에 이화여대는 다시 문을 열었다. 개강 후 화성학 시간에 임원식 선생님의 화성진행에 몇 번씩 이견을 제시하여 선생님을 괴롭히기도 했다. 2학기 이후로 화성학은 나운영 선생님이 담당하였다.

그 무렵 임원식 선생님은 내가 작곡한 가곡을 보시고 작곡 전공을 권유하였다.

그러나 나는 피아노 공부가 좋다고 고집했지만, 어느 날 청천벽력으로 작곡과로 전과한 것을 알았다. 내 뜻과 달리 작곡과로 옮겨 놓은 것이다. 그때 나의 당혹함과 서운함, 피아노 실기 담당 교수인 민원득 선생님의 노하심에 결국 나는 타의에 의해서 3학년 2학기 말에 작곡과로 전과했다. 4학년 두 학기를 작곡과로 공부하고 유일한 작곡 전공 학생으로 1954년 2월에 졸업했다.

나의 대학 시절에는 음악감상을 전혀 할 수 없었다. 학교에 그런 시설이 없었기 때문이다. 나는 부산의 40계단 밑에 있는 르네상스 다방에 자주 가서 많은 음악을 들었다. 음반도 악보도 구할 수 없고 먹고 살기도 벅차던 때여서 나는 종일 담배 연기 자욱한 다방에서 주로 브람스, 슈만, 프로코피에프, 바르톡, 드뷔시, 라벨의 피아노 음악에 매료되었다.

전시로 어려운 때였으나, 음악회도 종종 있었다. 임원식 선생님이 이끄는 "실험악회"가 그 당시 음악발전에 중추적 역할을 하였고, 광복동에 있는 문화극장에서 외국 연주가들의 연주도 있었고, 우리 성악가의 독창회, 실내악 연주회 등이 있었다. 창작 음악도 이상근, 윤이상, 나운영 그 외 작곡가의 작품을 들을 수 있었다.

그 당시 대청동에 있는 필승각(김활란 박사님이 계신 곳)에 이화의 학생들이 모여 임원식 선생님 지도하에 합창을 연습하고 군부대 위문을 가기도 했다.

1953년 4학년 2학기 서울에 환도해서도 나는 명동의 돌체, 종로의 르네상스, 쇼팡다방, 충무로의 하모니 다방 등을 돌며 음악감상 수업을 쌓았다. 대학 시절 유난히도 무서웠던 김옥길 선생님의 기독교 문학 시간과 채플 시간은 꼭 출석해서 김옥길 선생님께 모범 학생으로 보여 4학년 때 음대 전체 채플을 처음부터 끝까지 주도했고 선생님의 간곡한 추천으로 대학교회에서 세례도 받았다.

그 시절 맹목적으로 들었던 나의 음악감상 독학 수업은 후에 내게 많은 도움을 주었다. 대학원의 Miss Fulton 선생님 시간에 음악사와 감상으로 선생님이 시대적으로 작품을 발췌해서 들려주고 어느 시대 누구의 음악인가를 물었을 때 나는 서슴없이 대답해서 사랑받았던 기억도 있다.

대학원의 2년 동안 작곡 실기는 명동에 있는 홍난파의 미망인이 하는 다방에서 했다. 대학, 대학원의 작곡 전공한 사람이 나뿐이어서 선생님은 바쁜 일과를 보시고 쉬실 때 그 다방에서 만나 내 어설픈 작품을 봐 주시곤 했다. 그리고 많은 창작적 자극을 주셨다. 이때 쓴 첼로 소나타로 1956년 가을 〈제4회 문교부 주최 전국음악콩쿠르〉 작곡부에 수석 입상했다. 대학원 재학 시 한 학기 동안 이화

부속 초등학교 음악 교사를 했다. 그해 초등학교가 개교하여 1학년 뿐이었다.

다른 초등학교와 달리 미국의 현대식 교육을 한다고 아주 자유스러운 분위기였다. 30명 정도의 한 클래스였고 리듬교육 우선으로 장단 맞추기, 동요 부르기 정도였다. 그러나 7, 8세의 어린이들은 집중력도 없었고 시간 중에 한두 명 화장실 간다고 나가면 그 뒤를 우르르 모두 나가 버리고 기다려도 안 들어와서 가보면 화장실 거울 앞에서 줄지어 머리 빗고 손 씻고 장난치고…. 그리고 끝나는 종이 울리면 내 통솔력 부족을 실감하여 한 학기 마치고 그만두었다.

대학원 2년 동안 쓴 작품을 준비하여 대학원 석사학위 인정 작곡 발표회를 했다. 《피아노 Sonatine》를 백낙정이 연주했고 4개의 가곡은 동창 김인화가 부르고 반주는 작곡자 몫이었다. 4개의 노래는 〈무덤〉, 〈길〉, 〈오월에〉, 〈밤 호수〉였는데 〈밤 호수〉의 작사자를 몰라 미상이라 적었었다. 그때부터 몇십 년이 지난 최근에 그 시가 모윤숙의 시라는 것을 알고 그분께 죄송했다. 살아계셨을 때 그 노래를 드렸더라면 그분도 이화 가족으로 기뻐하셨을 텐데…. 그리고 《Violin Sonata》와 《Clarinet Quintet》의 피아노는 신재덕 선생님이 해 주셨다.

1956년 2월에 나는 제1회 대학원 졸업생이 되었다. 1954년도 입학한 유일한 음대 대학원생이었고 한 해 윗반에 박경종, 정채호, 이규순 등 3명과 함께 졸업했다.

1958년 7월 시공관에서 〈제2회 작곡발표회〉를 하고 나는 프랑스로 유학을 떠났다. 파리국립음악원의 수학은 언어와 생활문화의 차이로 어려움이 많았으나 이화 6년의 교육과 6·25로 겪은 시련으로 얻은 굳은 의지와 독학으로 쌓은 음악감상 수업은 밑거름이 되어 용기를 주었다. 음악사에 오른 유명한 작곡가들 가까이서 인간적, 음악적 교육을 받은 것은 그 당시로는 대단한 선택이요, 행운이고 축복이었다. 당시 작곡과 교수는 darius Milhaud, Tony Aubin, 음악감상에는 Olivier Messiaen, 대위법 후그는 Nöel Gallon이었고 나는 24시간이 부족하도록 작곡, 대위법, 후그 숙제에 취해 보냈다.

1961년 봄에 나는 귀국하였고 9월 2학기부터 시간강사로 이화에 출강하였고, 1962년 3월부터 전임강사가 되었다. 이제 내가 배운 것을 몽땅 후배들을 위해 일하는 보람된 생활로 바뀐 것이다. 사실 나는 유학 떠날 때 김영의 학장께서 친히 프랑스에 가서 2, 3년 공부하고 돌아와서 학교에서 일하라는 말씀을 해 주셨다. 김순애 선생님의 뒤 이어 나는 두 번째의 유일한 작곡과 졸업생으로 모교에 돌아온 것이다. 희소가치의 덕을 톡톡히 본 행운아였다.

1960년대 이화음대는 시대적 배경을 보면 탄탄하다고 할 수 있지만, 세계를 향한 교육의 장으로는 아직도 미비한 건이 너무도 많았다. 1962년 봄 김영의 학장의 추천으로 대한민국예술원 지에 나의 《피아노 변주곡》이 수록되었다. 학장은 늘 모교를 위해 봉사, 교육을 위한 박애 정신을 요구하셨고 대학원까지 주 26, 7시간을 어깨가 처지도록 가르치게 하셨다. 작곡 실기를 우선하고 화성학, 대위법 및 후그, 청음 시창, 관현악법 나중에는 합창까지도 맡았던 기억이 있다. 그 당시까지도 음악도서, 음반 등도 미비한 상태였다. 1960년 음악대학으로 바뀌어 환경적으로 활발해졌다고 하나 여전히 작곡과는 2명, 3명, 4명의 졸업생을 냈고 66년부터 9명, 10명이 졸업했다.

나는 1962년, 66년에 김순애 선생님의 외유로 작곡과장 서리를 하였다. 1963년 입학시험 때는 미달하여 2차로 모집해서 10명이 된 적도 있다. 그 당시 이화 교단에서 사명감으로 교육하였지만, 마음 한구석에 느끼게 된 것은 졸업 후 거의 모두가 가정으로 묻혀가는 것이 허전하고 안타깝고 서운했다. 그러나 세월이 가면서 이화의 전인교육이 우리나라 문화발전 전반에 보이지 않는 중추적 역할을 하고 있음을 믿게 되고 보람을 되찾기도 했다. 당시의 사회구조로 볼 때 음악을 직업으로 선택할 때는 당연히 남성이 우선이었다. 남성의 절박한 의무 때문이었고 일할 수 있는 자리는 극히 적었기 때문이기도 했다.

1960년대의 이화의 작곡과 교수는 김순애, 필자와 조병옥의 세 졸업생이었다. 작곡과는 40명이었고 주 1회 학생들의 작품을 발표했고, 학기마다 제자 발표회, 춘계. 추계연주회에 학생 작품도 뽑아서 연주하였다. 1966년도부터 전국 고등학교 음악경연대회를 열어 우수학생을 유치하였다. 작곡 콩쿠르도 2, 3년 하였다가 몇 년 후 다시 없어졌다. 1961년부터 있었던 동아 음악콩쿠르에 주영자가 입선하였고 70년대에는 조성희, 박재은, 문성희, 정미령, 최정희가 입선하였다. 또한, 서울음악제 공모에도 주영자, 강순미, 이은애, 정미령, 문성희 등이 당선되었다. 이 당시 작곡과에서는 "멜로디"라는 악보집을 몇 년간 출판했다.

1974년 나는 유학 시절의 노트와 책과 10여 년간 가르친 경험 등을 토대로《엄격대위법》의 교재를 써서 이화 출판부에서 출판하였다. 그리고 1992년 증보판을 만들어 현재는 전국의 많은 대학에서 교재로 쓰이고 있다. 또 1970년 후반부터 틈틈이 번역했던 Marcel

Dupré의《학습 후그의 실습》을 정리하여 1983년 봄에 출판부에 넘기고 그해 8월 외교관 남편의 충실한 내조를 위해 나는 23년간 봉직했던 이화 생활을 마감하였다.《학습 후그의 실습》책은 내가 떠난 그해 말에 출판되었고 흔하지 않은 귀중한 교재로 지금도 학생들의 후그 공부에 애용되고 있다.

또한, 가슴 뿌듯한 일이 있다. 1975년 광복 30주년을 맞아 문예진흥원의 위촉으로《광복 30주년 축전 서곡》관현악곡을 위촉받아 작곡하여 그해 가을 대한민국 음악제에서 초연되었다. 그리고 20년 뒤인 1995년 국제음악제(대한민국 음악제가 이름을 바꾸었다) 실행부에서 위촉받아 광복 50주년 축전 칸타타(관현악과 혼성 합창) I. 대한민국 찬가, II. 국제음악제 20주년 찬가, III. 음악인 찬가를 작곡하여 국제음악제 20주년 음악회에서 초연되었다.

광복이라는 역사적이고 거국적 기념행사에 두 번이나 이화의 여성 작곡가 작품으로 웅장함과 권위와 겨레의 얼을 예술로 승화 표현한 것을 더없는 보람과 행복으로 안다. 그리고 이 작품으로 1996년 대한민국 작곡상 최우수상을 받고 부상으로 해외연수 순회도 하였다. 오늘날 우리 음악계에서 활약하는 많은 후배를 보면 대견하고 뿌듯하고 아낌없는 성원을 보내고 싶다. 특히 외국에서 한아선, 나효신의 활약은 대견하다.

이화 교단에서의 23년 동안 나는 몇 번 외국에 나가 공부할 수 있었다. 김옥길 총장의 특별 배려였다고 생각한다. 1964~66년은 뉴욕 맨해튼 음대에서 수학했고, 1969~72년은 벨기에 브륏셀왕립음악원을 졸업했다. 1972년에서 1976년까지 작곡과장을 역임하고 83년 이화를 사직한 뒤인 1987~89년은 프랑스 파리 IV대학(소르

본)에서 음악학으로 D.E.A.학위를 받았다. 내가 노년기까지 공부할 수 있었다는 것은 대단한 축복이며 그래서 내 음악 인생은 행운아의 비단길이었다고 생각된다.

이화 밖에서 보람 있었던 일은 1981년 1월 여성 작곡가들이 뜻을 모아 〈한국여성작곡가회〉를 만든 것이다. 내가 주동이 되어 그해 5월 이대 음대에서 약 20여 명이 모여 첫 총회를 열었고 나는 초대 회장이 되었다. 현재는 전국에 120명이 넘는 회원을 갖게 되고 오늘의 우리 창작계를 이끄는 중추적 역할을 하고 세계 도처에서 작품이 연주되고 그 활약이 대단하다. 나는 12년간 창립회장을 연임하였고 현재는 명예회장으로 있으며 내년에는 창립 20주년을 맞이하게 된다.

이제 인생의 황혼에 서서 멀리 떠나온 옛 보금자리 기억을 더듬어 차분히 생각에 잠겨본다. 한 세기를 넘게 뿌리 깊은 나무로 발전하여 이화의 진선미의 가지를 세계로 뻗게 한 이화의 공로는 참으로 지대하다. 그러나 한 번 냉정하게 객관적으로 더듬어 볼 시기도 되었다.

역사로 볼 때 114년이 되었지만, 그 세월만큼 확고하고 알찬 자리를 구축하였는지, 보이지 않는 삶의 내면에서의 공로로 만족해야 하는지, 또 앞으로의 방향을 어떻게 전개해야 하는지, 냉정하게 생각할 때가 됐다. 1970년대에 이화여대도 남학생을 뽑자는 회의가 있었다. 그때 나는 세계 최대의 여성만의 명문을 고집했었다. 좀 더 진취적인 미래 지향적인 생각을 못 한 것이 아닌가 하는 생각도 마음 한구석에 있다. 타 대학보다 두 배 세 배의 역사를 가진 이화. 개

개인의 능력으로 더욱더 뛰어남에도, 사회에서의 기능에 우수함에도 우리는 여자답게 여성의 자리를 강요당하고 한 발 뒤로 물러 서 있는 것이 아닌지. 부권 사회의 폐습에 젖어있지는 않은지 반성해 봐야 한다.

이제 이화를 떠나 먼 자리에 서서 회상하며 기대하며 바라보는 마음에 아쉬움이 있고 바람이 있다. 진선미의 교육은 숭고하지만 우리는 구태의연한 옛 사상을 털어버리고 좀 더 감싸 안고 단결하고 진취적으로 사회참여에 적극 격려와 후원과 사랑을 보내야 한다. 이화의 교육을 마치고 사회로 보내면 그것으로 의무를 다했다는 냉정함을 이따금 곳곳에서 보고 느끼게 되는 것은 비단 나만의 마음이 아닐 것이다.

남녀공학 대학 졸업생들의 사회에서의 화목, 단결을 볼 때마다 부러움을 금할 수 없다. 이화의 여성들이 이 사회의 모든 가정의 굳건한 신념의 기둥으로 자리하고 든든하고 활기찬 가정생활을 건전하게 이끌고 이바지하는 것은 당연하다. 그러나 다른 한 편 새로운 천년을 여성의 힘으로 이끌어가고 세계를 동방의 신비로 감싸 안고 더욱 넓고 깊게 우뚝 솟아오르는 신념으로 전진하리라고 믿고 싶다.

이화는 변함없이 반석 위에 진선미를 담고 배꽃 향기 은은히 날리며 더욱 빛나고 발전할 것이다.

2000년 11월 25일

(이화여자대학교 음악대학 창립 75주년 기념 2000 정기학술대회)

제6부
멀리 있는 연인에게
- 보낸 편지

임원식 선생님께
-Le 18 Octobre 89, Paris

문안드립니다.

　Paris 근교 'Pavillon sous bois'라는 작은 숲속 마을 café에서 어쩌면 처음인 것 같기도 한 문안을 드립니다.

　3녀 Harpe가 금년 Paris Conservatoire 입학시험 결승에 올라가서 오늘 leçon을 위해 이곳까지 운전하고 왔습니다.

　딸은 만 삼 년을 기차를 타고 이곳을 다녔습니다. 40명 가까운 학생이 이제 10명으로 줄었고 그중에서 3명이 입학을 하게 됩니다. 많이, 많이 늘었으니까.

　금년은 마음 놓고 시험을 보라고 하시지만 그래도 두려움에 쌓입니다.

　정말 공연히 딸들을 음악을 시켜서 고생하는구나… 하고 때때로 어떤 죄스러운 마음이 되면서도… 그래도 또 한 편으론 너희들이 먼 훗날 엄마께 감사할 순간도 있을 것이라고 씁쓰레한 자위도 합니다.

옛날에 선생님 말씀 때때로 생각합니다. '네가 삼류 Pianist가 되는 것보다 작곡하는 것이 네게 더 좋을 것이라고' …그땐 제게 Pianist의 소질이 없다는 뜻으로 무척 서운했었지만, 소질 이전에 piano leçon도 제대로 받아보지 못했던 강원도 산골의 소녀였었고… 그렇다고 작곡이 무엇인지도 몰랐던 때였고. 부산 피난 시절 바닷가를 거닐며 울며 생각했던 모습….

지금도 제 눈앞에 선합니다. 한 가지 분명했던 사실은 강원도 촌년이 음악이 뭣인지도 정말 모르면서 그렇게 음악이 좋았다는 사실입니다. 그 옛날에 제 귀에 들렸던 음악이란 고작 Beethoven, Mozart, Schubert였지만 제 열과 정을 송두리째 빠지게 했습니다. 그때 선생님이 말씀하셨습니다. "네가 먼 훗날 나에게 감사할는지 원망할는지 아직은 모르지만, 아마도 내게 감사하게 될 것이라"고…. 그땐 미처 느끼지 못할 만큼 철이 없었고 어리석었고, 자식 낳고 인생의 쓴맛도 보며 중년이 되면서도 감사함을 생각하지 못했습니다.

이제 제 인생의 황혼기에 들어서면서 새삼 선생님께 감사함을 느낍니다. 그리고 아직도 음악이 뭣인지… 알 듯 모르면서도… 그러나 이제 좀 투명한 빛깔로 보이는 것 같습니다.

감사합니다. 제 삶에 있어서 선생님은 대단한 은인이십니다. 이 몇 해 Paris에서 음악공부 하면서 더욱더 감사하고 있습니다. 올여름 내내 혹시 다녀가시려나 목을 빼고 학처럼 기다렸습니다. 그리고 어느덧 10월이 됐고, 이 해도 저물어 가고 있습니다.

그동안 Sorbonne대학 Musicologie에 등록해서 2년 동안 많은 것 배웠습니다. 1년은 4과목 강의 듣고 시험 보고 Exposé하고 작년

11월부터 D.E.A. 논문연구에 들어가서 올봄 내 여름내 Vacances도 아이들과 대사만 가고, 크고 좋은 이 넓은 집에서 책 읽고 논문 초고 잡고 가을을 맞았습니다.

Olivier Messiaen의 관현악곡의 주제적, 화성적, 리듬적 연구로 다 쓰고 이제 타이프치는 중입니다. 딸 셋 고생도 많이 시켰습니다.

10월 30일에 있을 구두 시험Soutenance를 무사히 마치면 D.E.A.의 디플롬을 받게 됩니다. 제 논문과 장녀의 논문과 3녀의 Harpe랑 좋은 결과 있기를 염치없이 바라고 있습니다.

정말 Paris 생활 2년여에 많은 것 배웠습니다. 지난여름에는 Harpe와 Piano를 위한 음악도 작곡했습니다. 두 딸이 하도 졸라서 이다음에 책이 나오면 딸에게 바치겠다고 했습니다. 요즘에는 관현악곡을 쓰고 있습니다.

지난 6월에는 장녀와 3녀의 〈Duo Concert〉를 파리문화원에서 했습니다. 엄마의 Piano 곡도 한 곡 넣고. 제겐 아주 만족스러운 음악회였습니다. 가능하면 내년엔 엄마 곡만으로 해 보자고 했습니다.

딸 leçon 끝났을 것 같아 일어납니다.

건강하세요.

김남조 선생님

　조용히 쉬시는데 별일 없이 전화 드리기가 주저되어 담담한 마음으로 문안드립니다. 뵈온 지 딱 한 달이 되었습니다. 얼마 전에 신문을 읽고 24일 월요일 행사로 바쁘시리라고 혼자 생각했습니다. 그리고 다음 날 열광하는 월드컵에 저의 마음도 함께하고 애석함도 들었지만, 많은 감동도 있었습니다. 6월은 폭풍처럼 강렬하게 갔습니다.
　저도 새로운 작품에 몰두했습니다. 선생님의 아름다운 시 다섯 편도 제 곁에서 태어나는 아픔을 딛고 선율로 변했습니다.

　　　이 기쁨 처음엔 작은 꽃씨더니
　　　밤낮으로 자라 큰 기쁨 되고
　　　위대한 꽃나무로 섰네

　선생님의 시는 노래로 만들기가 너무나 어렵습니다. 노래가 되기 전에 오랜 시간 읽으면서 그 속에서 너무나 벅차오는 큰 감동을 넘어 전율하다가 마침내 노래가 될 땐 바람 빠진 풍선 모양으로 너무나 작은 저로 돌아가게 됩니다. 정말로 어떤 때는 처참했다가 어떤 때는 행복의 차원을 넘어 멀리 하늘 가를 헤매는 마음 됐다가 많은 고통 속에 마무리되어 갑니다. 〈기쁨〉, 〈그대 세월〉, 〈바람〉, 〈겨울 꽃〉, 〈아가〉 이렇게 저의 얼을 토했습니다.

   선생님은 저에게 있어서 옛날, 옛날에 청춘에 사랑했었던 첫사랑 같은, 풋사랑 같은, 조금도 낯설지 않은 그러나 너무나 긴 세월 못 만났던 그리움을 가득 안고 있는 것 같은 마음이 뭉쳤다 퍼져 가는 구름꽃 같기만 합니다.

   많이 바쁘시지 않으면 전화 드리고 뵙겠습니다.

6월 26일 2002

김남조 선생님께

  양력, 음력 설날이 두 번 지나고 새해 문안드립니다.
  닭띠 해에도 건강하시고 가내 좋은 일만 가득하시길 빕니다.

  지난해 11월 16일 저와 제자들이 함께 하는 음악회에 오셔서 너무 행복하고 기뻤습니다.
  고마운 마음의 인사도 못 드리고 12월 10일 태극기 들고 나가 광화문 큰 거리에서 목청 터지도록 애국가 부르고 "대한민국 만세, 탄핵 결사반대" 외치며 행진하고 며칠 뒤에 태평양 건너 미국 롱비치 딸 집에 왔습니다.

  아직도 용서할 수 없는 치 떨리는 분노와 슬픔, 괴로움 달래며, 오선지 펴 놓고 4월 29일 예술원 음악회 작품을 다듬고 있습니다. 3월에 귀국하고 뵙겠습니다.

  건강하시고 건투를 빌며….

롱비치에서 이영자 2017년 2월 13일

유종호 회장님께
2015. 어느 가을날

　이른 아침 눈 비비며 일어나 잠자리에서 조선일보를 넘기다가
환하게 웃고 계신 사진과 기사, 아주 반가웠습니다. 어두운 터널
한복판에서 오선지 쥐고 고민하는 제게 한 줄기 빛으로 온 것 같은
행복이었습니다. 아득한 반세기도 더 지난 젊었던 시절이 아련하게
한 폭의 그림으로 눈물 글썽이게 했지만, 삶의 보람은 있다고 새삼
감사했습니다.

　그 옛날 전쟁의 한복판 처절했던 우리들의 청춘 '르네상스', '돌
체'에서 음악 속에 빠져 미래를 꿈꾸던 처절한 청춘…. 선생님 생각
하면 눈물 함께 아름다운 추억으로 옵니다.
　앞으로도 좋은 일로 오늘처럼 행복 가득하시기 빕니다.

　기적 같은 이야기 하나, 2014년 8월 29일 저의 〈아픈 사랑 노래〉
연주회 때 보내주신 회장님의 난 꽃 화분. 제 생애에서 받은 많은 꽃
중에 가장 오래 피어주었습니다

"당신은 난 꽃 죽이는 여자"로 남편이 이름하고 꽃들은 제명을 다 하고 갔는데…. 한 달 두 달이면 꽃잎 지고 푸른 잎만 남았는데….

회장님이 보내신 꽃은 그 가을이 가고, 겨울 가고 새 가지에서 싱싱하게 몽우리 지어 2월에 다시 피고 새 봄내, 여름내 달로 세어 열 두 달 피우고 갔습니다.

기적이었습니다. 남편이 '난 꽃 죽이는 여자'라 불렀는데 열두 달에 마지막 꽃잎 지고 나서, 만세 부르고 "난 꽃 살리는 여자"로 반전했습니다.

보내주신 꽃에 그 옛날의 전쟁터의 처절했던 에스프리가 지금은 머리 하얀 이승 끝자락의 우리 가슴에 회춘의 혼을 함께 주었나 봅니다.

고맙습니다.
이영자

효신에게

네가 삐지다가 지친 것 알겠다만 나도 사람인데….

게다가 늙었는데, 옛날 같으면 내 나이 됐으면 완전히 산 송장 취급할 때인데 아직도 팔딱거리고 있음. LA 건이 거의 끝나고 작품 해설 아까 쓰다가 잘랐지. 그것도 고역이고….

또 뭐라고 연락 올 테지.

이제부터 속속 답해줄 판이다. 화내지 말고 끈기를 갖기다.

나인용 선생님께는 그 Fax 부쳤다.

백병동, 강석희 선생도 써 달라고 해. 황병기 선생도 좋지!

또 이만방 선생도 좋지. 얼마 전에 음악회에서 만났는데 아주 건강해 보여서 좋았다.

홍성희 선생도 좋은데 바빠서 쓰겠나. 7월 초에 아들 결혼식이 있음, 어쨌든 글을 부탁받아도 써 본 사람이라야지 아니면 그것도 큰 부담이 되거든. 그리고 네가 아무리 깝쳐도 다 쓴 다음에 내가 한번 훑어봐야지.

수준이 어느 정도인지. 차근차근 덤비지 말고 하자…. 난이도 엊

그제서야 써야겠다 하더군. 62학번 제자 정화자라는 여인이 다 썼다고 Fax로 보내겠다 했어.

애, 5월 15일 스승의 날에 26명 남짓 와서 잘 먹고 잘 놀다 갔어. 내가 초청장을 보냈지. 마치 뭐 사 들고 오라고 선수 친 것처럼 됐다지만 자기들이 사 들고 와 봤자. 언제는 금덩어리 사 들고 왔나? 욕을 하건 말건 보냈지. 그 초청장을 너에게 보여줄게. 다들 cake 들고 떡 들고 juice 들고….

고기 들고 꽃 들고 wine 들고 화장품(cream) 들고 그렇게 와서 잘 놀고 갔다. 그리고 2주 뒤 내 생일에는 나와서 밥 먹자 해서 거절했지. 난 귀찮고….

그날이 마침 선거하는 날이고 그런데 그 전날 3일 경원대 학생 마지막 leçon 하는데(밤 8시) 조성희, 혜리, 진정숙, 이상인 넷이서 쳐들어온 것 있지. 꽃 들고 cake 들고 그래서 cake는 그 자리에서 촛불 켜고 전야제하고 다 먹고 내 wine 마시고 café 마시고 놀다가 갔지. 돌발적인 party!

Card 속에 수표 두 장 넣고. 뭘 사야 할지 몰라서. 하고 거기다 대고 "얘들아, 나효신 글 쓰는 것 빨리해라" 야단쳤다.

언니들만 쓸 게 아니라 내가 쓸 게 더 많이 밀려 있잖아….

1) 1956년, 1958년 작곡발표회 program 있으면 보내줘?
2) 시온성 합창단 반주 : 언제부터 언제까지, 잊었는데 대충 환도해서였으니까 1954~1958까지, 1958년 봄까지(8월에 paris로 떠났으니까).

군부대, 미군 부대 등 많이 돌아다니면서 연주했다. 서울에서 연 2회 정기발표회도 했고, KBS한국방송에서도 많이 했고….

3) 부산 영주동 언덕에서의 담배 장사 건 얼마든지 써도 좋다. 나는 그것을 소중한 나의 재산으로 간직하고 있거든.

작년에(가을) 워커힐 Hall에서 나운영 선생님 희수(77세) 축하연이 있어서 초대받고 갔었다. 나인용 부부도 오고 몇몇 음악가가 왔고 손님 가득했어. 그 사모님(유경손)은 운경합창단의 연주를 그날 지휘하셨는데 관절염으로 고생하시면서도 정열적으로 연주했다. 합창단원이 다 늙은이들이라 음정, 음색, 리듬 다 고역스러웠지만, 그러나 그렇게 한다는 사실 순수해서 좋았어. 그런데 밥을 먹는 동안 사회자가 호명하면 단상에 올라가서 축사하는데 한참 만에 난데없이 나운영 교수의 첫 제자! 이영자 씨! 놀랐지. 어쩌겠니, 무대에 올라갔다! 그리고 내가 한 얘기는 바로 영주동 고개 이야기였다. 그 옛날 어떻게 내가 사모님을 처음 만났나.

또박또박 얘기했지. 영주동 고개 흙 길가에 앉아 눈썹이 하얗도록 얼굴에 흙 분을 뒤집어쓰며 옷가지 펴 놓고 장사하는 사모님. 동생들을 시켜 담배 장사하며 밑천 날린 내 얘기며 하나도 부끄럽지 않았다. 엄연한 사실이고 인간 그대로니까 다들 듣고 누구보다도 큰 박수를 쳐 주었고 좋은 얘기 들었다고 하더군. 사모님께 "죄송해요" 했더니 "아니 괜찮아" 하셨어.

그날 나누어 주신 사모님이 쓰신 책 회고록에 그때 이야기를 다 쓰셨다며 오히려 좋아해 주셨다. 그러니까 네가 그 story 써도 됨.

4) 이화가 부산에서 대학 문을 연 것은 1951년 가을이었음.

5) 나운영 교수님께 현수막 보고 찾아간 것은 1951년 3월 초였고, 그해 겨울쯤엔 None Harmonic tones+변화화음, 전조를 하고 있을 무렵 개학했고. 화성학 교수가 임원식 선생님이니까 빈틈이 많아서 내가 맨날 질문만 하고 수정하고(건방지게). 그래서 유독 그 선생님 눈엣가시처럼 띄었음.

그 후에 나운영 교수는 梨大 강사로 오셨음.

6) 부산 피난 시절 창작 음악 경향에 대해서 황무지였음. 그때 제일 깨어있는 양심 있고(음악에) 참신한 의욕을 가진 사람은 나운영 선생뿐이었음. 그때 이미 Messiaen과 Swiss 작곡가 Frank Martin인가? 누구에게 미쳐서 야단하셨으니까. 그래서 나는 돌체다방에서 어떤 사람이길래 우리 선생님이 저렇게 야단 떠나 그랬지… 덕분에 나도 얻어듣는 게 있었고… 그 당시 그런 말, 해주는 작곡가는 없었음. 부산에 이상근, 윤이상, 정윤주, 조념, 김성태, 이홍렬, 윤용하 다 모여 있었지만.

이상근 작품, 윤이상, 나운영 정도가 좀 현대로 향하고 있었고 나머지는 다 도레미… Do mi Sol… 작곡가지.

1956년 서울에서 내가 작곡발표회 했을 때 평이 났는데 한국의 Debussy라고 어느 영자신문에 써 주었었어… 그 당시 정윤주 씨의 《까치의 죽음》이라는 Orch 곡이 있었는데 그 곡이 좋았었어…. 그분의 유일한 대표작이야. 그분은 그 후에도 순수 작곡은 하지 않고 주로 영화음악. 딴따라 쪽으로 평생 가신 것 같고 재작년에 돌아가셨다. 이상근 씨는 아직 부산에 계시고 梨大 작곡과 김순애 제자 이은애(진정숙 동창)가 그분 딸이야.

그 당시 윤이상 곡은 《Piano Trio》, 《String Quartet》 등이 연주됐

었다.

후기 낭만파 style인데 형식, 진행이 그랬을 뿐…. 음악성은 멋대가리 너무 없는 진행였음. 즉 Esprit가 메말랐었달까.

어쨌든 윤이상은 수학적, 철학적으로만 콩나물 대가리 쓰는 사람임.

7) 너의 책 제목은 다 별로야. 예순여덟에 여자 나이는 들추는 것 아니라는 사실, 차라리 효신,

오선 위의 넋이어라 그대의 자화상은 Ⅱ 어때.
부제(스승 이영자와의 인터뷰)

황혼에 쏟아지는 햇살처럼
스승 이영자와의 인터뷰

좀 더 제목은 생각해 보자.

8) 박라나 독주회 Program에 나효신《Poem of April》이 있대. 5분 정도. 1993년에 한 것이래.

그런데 6月 12日인가 금호갤러리에서 초청 독주회를 하는데 그때 그 Poem을 다시 한 대 그런데 불행히도 그 미술관에는 녹음시설이 전혀 없다는군. 그러니까 꽝이지. 그 5분짜리 달라고 했다.

       1998, 6월 8일 아니 9일 새벽 1시에

효신!

서울은 무지 덥다. 쪄 죽을 것 같은 찜통이다.

더위를 무지 싫어하는 참을성 없는 나에겐 욕이다.

늙었으니까 참아야 하는데 삶 그 자체가 熱 열. 열. 열 받는데 날씨가 더 보태주는군.

어제 네가 보낸 이순우 선생님께 편지는 perfect 아주 잘 썼다.

과연 이 뜨겁고 바쁜 세상에 써 줄지는 나도 모르지만.

1) 편지는 아주 잘 썼음. 2) 그 상대를 내가 더 추천해야 하는데 연구할게… 백병동 선생에게는 네가 부탁해도 될 것 같다만… 나를 그리 잘 모르겠지만 그래도 음악으로 까던 안 까던 써 줄 게다. 참! 연세대 음대 나인용 교수에게 꼭 부탁해봐… 해 줄 거야… 나를 누님 누님 하니까…

3) 네가 며칠 전에 보낸 너와 나의 dialogue도 좋았다.

4) 언젠가 보낸 Fax에 6·25 나던 날의 나의 행동… 기숙사에서 모처럼의 일요일에 충무로에 나가서 음악책 사고 온 것이 분명함.

그 무렵은 서대문에서 梨大까지 차편이 마땅치 않아서 북아현동 언덕 골목길을 한 20분 걸어서 걸어서 갔으니까…(바로 잡아 주었음. OK?)

5) 그 며칠 전 쓴 나효신의 글….

필자가 이영자 선생님을 처음 만나 뵌 것은 1978년 운운의 글도 좋으나 좀 더 강렬한 Esprit가 있어도 되는데….

6) 얼마 전의 너의 질문 : 1978년 3월 어느 날 너의 실기 레슨 시간에 들어왔던 선배는 진정숙이었음. 금세 확인됐지. 4월에 음악회를 하는데 내가 뭘 주었다나 나는 전혀 기억에 없음.

대전에서 진정숙 작곡발표회를 한다 해서 혜리랑 조성희랑 몇 명이 기차 타고 갔던 생각 난다.

7) 너의 질문: 왜 그렇게 퍼 주세요?

한데 난 기억에 전혀 없음 너에게 뭣을 주었나. 전혀 모름. 아마 인도네시아 있을 때라면 뭐 싸구려 바띡 쪼가리 하나쯤 던져 주었는지 너는 그때 내 수양딸이었으니까…. 그러나 다른 제자들에겐 없었을 게다.

8) 너의 질문 : 20여 년 기른 후학들에 대하여 한 사람 한 사람 짚어가며 운운은 무지 힘든 건임. 내 합창곡도 아직 안 끝났는데 골이 복잡, 복잡 + 92세 시어머님 치다꺼리 + etc…. 그러나 생각해 볼 테니 그리 보채지 마라.

9) 나의 어머니에 관한 얘기도….

10) 어제 ACL 일본 작곡가가 9명이 서울에 와서 '석란'에서 점심을 먹었다. 문득 네 생각이 나서 밥 먹다 말고 너의 Fax건 1. 고이노

보리 히나마쓰리를 한문으로 써달라고 했더니 한 놈도 모르겠대. 요즘 신세대 한문 못 쓰는 것 알지. 막 웃었지. 그 style이 21세기의 현대야. 우리 딸들도 한문 모르니까 한 사람이 사전 찾아서 써 준다 했어.

　a) 고이노보리: 5月 5日 단오절 행사(어린이날 행사) 魚里のぼり
　b) 히나마쓰리: 3月 3日(여자 어린이 지금은 男女)
　한문은 나중에. ヒナマツリ인데.

11) 센닝바리: 千人針
커다란 띠에 천명의 사람이 매듭 하나씩을 감쳐 주는 것.
천명의 사람의 성의와 승리를 기구하는 사랑의 기도가 담긴 띠를 배에 감고 떠나면 총알이 안 맞는다?
총알보다 인간의 마음이 더 강하고 숭고하다는 뜻을 담은 것.

12) 바이엘 48번이 맞음! 난 10세 때 그 곡의 syncope⌒리듬을 못 해서 자다가도 그 연습 했었음. 그런 멍충이가 대학교수까지 했음. 대단한 것 아냐?

우선 여기까지. 아침 8시 반이네.
그 안에 강아지 목욕시켰고 마당에 나가서 다 말라붙은 이탈리아 봉선화 화분에 물을 많이 주고 92세 할머니 찹쌀죽을 끓였음.
오늘은 Lotte hotel에서 梨大동창 밥 먹음!

오늘 아침에 Grove Dictionary의 Women Composers를 만든 영

국인을 만났다. 한국말을 나보다 잘해서 쇼크먹었다. 증보판은 다시 낸대….

그리고 진은숙(독일에 있음)을 넣는다며 또 좋은 작곡가 있느냐고 해서 그래서 미국에 나효신이 있다고 했지. 아주 좋다고, 네 전화번호, 주소랑 다 주었는데 연락이 가려는지 모르겠다. 가면 좋은데….

어쨌든 내가 Paris 갔다 와서 CD 남자도 만날 것이니까.

위 것 다 직접 보내줄 것. 알았지. 안녕

5月 28日 아침 6시

효신! Happy New year

너는 좋겠다. 젊어서 좋은 일이 많이 많이 있을 긴 세월 있으니까.

난 막판 가는 것 같아. 좀 초조하기도 하고, 때론 불안도 하고, 그러나 계속 열심히 성실히 가려고 한다만… Fax 잘 받았다.

답변이다.

② 김희경과 C.D. 내는 것 네 맘이지! 돈 많이 안 들면 내는 것도 좋지. 아무것도 안 하는 것보단 100배 좋지.

④ L.A. 한국 학생은 아무 연락 없었음. 내버려 둬. 너의 음악 연주하는 것은 좋고. 내 음악 김희경이가 안 하게 됐다 해도 괜찮아.

Life is…so…so…니까.

⑤ 요즘은 나도 악보 출판 안 해서 출판사 아는 곳도 없고. 수문당? 해마다 여성작곡가회에서 악보 출판하는데.

네가 꼭 한다면 찾아(알아)볼 수 있고.

梨大 음악연구소에서 보내온 서류 너에게 안 갔을 것 같아 Fax로

보내니 알아서 써서 보내. 꼭 그 서식에 맞게 써서 보내면 돼. 그 종이 안엔 부족할 테니까 형식에만 맞추어서 O.K.

그리고 며칠 전에 종일 앉아서 네 曲 1995년 Orch(안익태 曲) 보았다. 그 曲 좀 더 손질해서 다시 안익태! 또는 음협 콩쿠르 도전하면 좋을 것 같아서.

《Three Studies for Orchestra》말이다!!!

① 1악장을 90마디 정도로 늘리고(63인데), x part를 발랄한 part로 새로 넣고 싶다는 뜻.

② 2악장의 리듬군에 불규칙 선율군을 + 하면 색채적으로 음악적으로 신비할 것 같음.

③ 전체적으로 구성도 좋고 내 맘에도 들어서. 그런 생각을 했다. 연구 바람.

음악협회에서 하는 2,000만 원 고료 콩쿠르에 내도 더 좋고.

한국인 관현악곡 쓰는 것 보면 다 그렇다.

효신 정도면 High Class니까. 농담 아님.

⑷ 그리고 프릿처 상 덤비라는 것도 농담 아님.

1998년 1월 1日에 난이 딸 쌍둥이가 우리 집에 와서 시끌시끌 어지럽다. 먹이고(안 먹음) 놀아주는 것 무지 힘들다. 내가 과연 늙었다는 것을 실감한다.

⑸ 梨大 서류 1月 末까지래. 꼭 해서 보낼 것.

네가 지금까지 살아온 흔적을 적으면 되니까.

⑹ 여성작곡가회에 낸 네 件들은 1997년 6~12월까지만 적어 냈다.

1998년 행사는 금년 5월에 다시 받거든. 나오면 보내줄게.

(7) 난 요즘 L.A.에 가는 여성 3부 합창곡 편곡 마쳐서 보낼 참이다. 이해인의 〈빈 꽃병의 말〉을 합창으로 했지. 쉽게 해 달라는군.

(8) 이제 천상병의 〈새가 부르는 아리랑〉에 Piano 반주를 붙여주어야 하고, 광복 50주년 Piano 반주하고. 그리고 시편 2曲 작곡하면 되는데….

비틀비틀거린다.

잘 있어. 안녕 이영자

1998. 1. 7.

2013, 세모에

신 교수,
여든 살 넘어서도 한참인데 왜 이렇게 노년의 탐욕 가득한 정열인지 추한 모습인지 나도 나를 모릅니다.

새벽녘 창밖이 밝으려 하는데 다섯 줄 위를 헤매다 아! 웬수 같은 무능, 무 재주야, 한숨 쉬고 나도 좀 놀자!

내 노년의 취미, 한풀이 목걸이 만들기로 돌 함지 끌어당겼습니다.

아프리카 아이보리코스트, 세네갈에서 사 모은 밀화, 인도네시아에서 주워 모은 마른 열매에 구멍 내고, 세상 여러 곳 방황하며 모은 돌, 터키석, 산호, 공작석, 호안석, 자만옥을 줄에 끼웠다 뺐다 하면 찬란한 돌 속의 신비가 내 마음을 다시 확 트이게 다섯 줄 위로 보내준다는 게 정말로 신비롭습니다.

다 만들어지면 내 에스프리 가득 담아 신 교수께 우편으로 부치겠습니다.

아침 식탁에 혼자 TV 켜고 café 한 잔 들고 신문 펴들고, 한 모금 넘어가는데 '에구머니, 이게 누구야.' 내 눈앞에 내가 만든 것 같은 불균형 목걸이 걸고 신 교수와 배우 윤여정이 마주 앉아 웃고 있는 모습, 무지 반가웠습니다.

초가을에 보내주신 파란색 대추, 알 작은 특별한 밤 상자 선물, 잘 먹고 감사하고 행복했습니다.

삶의 황혼도 깊고 잿빛 인생이라고 중얼중얼하면서도 마음속에선 그와 반대로 다시 올까… 하는 젊은 날의 환상으로 내 영혼 금빛, 장밋빛으로 가는 길목이 보이고 느껴진다니까요. 그게 또 바로 노년의 소망 아닐까요.

세모의 《겨울 나그네》는 꼭 가려고 했는데 안 녹은 함박눈이 쌓인 가파른 언덕 위 우리 집에서는 한 발도 뗄 수 없어 쓴웃음 짓고 못 갔습니다.

나는 고전에선 슈베르트(1797~1828)의 《겨울 나그네》 전곡, 낭만에선 슈만(1810~1856)의 《시인의 사랑》 열여섯 곡, 그 마지막 곡에서 노래는 끝났어도 그 음악 전체의 끝맺음의 긴 후주, 피아노 혼자 환상에서 현실로 찾아오는 것 같은… 그 이상 더 아름다운 후주는 이 세상 어느 작곡가에게도 없는 슈만 만의 고뇌 서린 철학의

맺음입니다.

  육십오 년 전 내가 대학 다닐 때 성악과 반 친구 반주로 쳤던 추억이 아련하게 그립습니다. 근대로 오면서 구스타브 말러(1860~1911)의 《대지의 노래》, 《죽은 아이를 위한 노래》 들으면 빗물 같은 눈물을 쏟곤 합니다.

  음악이 내 곁에서 내 끝날까지 받쳐 주는 힘 때문에 내가 살고 있습니다. 대단한 축복입니다. 하느님께 감사를 넘어 지구 위 모든 생명체에게 큰절하며 가렵니다.

  내가 만든 서툰 목걸이, 마음에 안 드시면 피아노 곁에 뒹굴게 해 주시고 물망초처럼 '나를 잊지 말아요' 해 주세요. 건강, 또 건강. 그리고 행복하십시오.

  이영자

혜리에게

　오랜만에 오늘이 몇 월 며칠인가 달력을 뒤져 보았다. 은미 집에도, 준 사는 데도 달력과 시계는 어디에 붙었는지…. 나는 딱 늙은 등신으로 지난다. 젊은이들은 다들 핸드폰에 딸린 시계만 본다. 나도 손목시계 하나는 싸구려로 차고 나왔는데 어디에 두었는지. 오늘이 8월 8일 화요일이다. 집 떠난 지 꼭 한 달 됐다!! 서울이 처음에는 지옥 같았는데 비행기 타고 하늘 가를 떠서 멀리 온 곳이 이곳 green field 뿐인 곳. 인간도 없고, 차도 없고, 가게도 없고. 돈이 소리 해도 갈 곳도 없고, 난 그래서 서울은 지옥이고 미국은 천국이라 생각하고 아 신선놀음이다 했는데….

　Maine시 Bowdoin Festival은 정말 그랬다. 천국에서만 듣는 그런 음악회를 거의 매일 듣고 사니까. Schumann, Brahms… 그리고 쇼스타코비치와 내가 안 좋아하는 Mozart… 윽씨기 많이 하더군. Mozart와 관계없는 10촌, 100촌에도 못 드는, 서울에서 연중 모짤트만 하니까 끔찍했는데 이곳도 그랬다. 쇼스타코비치도 금년이 뭐라더군… 그러나 역시 사람들은 슈만, 브람스를 좋아하는 것 같고… 끝나기만 하면 서서 박수치고… 젊은이들은 끽끽 깩깩 소리 질러대고… 어디나 같은 풍경을 보았다.

내 곡은 3일간 하는 현대음악제의 첫날 27일에 June이 멋지게 했다. 덴마크 작곡가의 harp 곡도(9월 24일에 CD 녹음 예약됐다나 봐) 4분 30초인데 그 나라 민요(아리랑 같은)를 4분 동안 약간 Varié 하는 곡.

내 곡과는 음악이 아주 대조적이었고 내 음악이 그날의 백미였던 것 아닌가… 다들 좋다고. 나를 모르는 사람들이 쉬는 시간에 몰려와서… 나는 땡큐만 영어라고 연발했다. 그러나 3회 하는 날 내내 많은 인사를 받아서 '아! 나도 잘났구나….' 하는 기분도 좀 들었지.

Festival의 작곡 교수 Samuel Adler가 '좋은 음악이다' 해 주었으면 된 것 아냐? Adler의 Master class에도 들어가서 그의 제자들, 그의 강의 3시간씩 두 번 들었다. 미국도 구라파도(Paris Sorbonne는 5시간도 했음) 적어도 3시간은 계속 떠드는데… 그래야 뭘 듣지… 우리나라는 60분! 많이 주면 90분이다. 일종의 쇼 하는 것이지 학구적은 절대로 안 되는 것을 다시 느꼈다. 어쨌든 기분 좋았다. 이영자가 3년째 이곳에 왔는데 이번에는 나도 끼었으니까.

내 곡 하는 날 Xenakis 북 두드리는 것하고, H. Werner Henze…(옛날에 내가 좋아했었는데) 그날 음악은 나에게는 별로였어. Mozart Sonata의 리듬에 완전 유리창 깨지는 불협화음으로 흘러가는 곡 '미친놈' 그랬고, Kurtag도 대가인데 대가들은 다 그런가 보다. 그래서 나는 소가小家로 남기로 했다. 미니멀 음악 하는 스티브 Reich는 둘이 나와서 손바닥만 치다 갔다.

박동욱 선생 집에서 우리가 윷가락 치던 생각 났고 그것이 더 음악적이었다고 생각했다. 세계 어디를 가도 음악은 다 같다!! 미국 작곡가들도 음악 모르고 쓰는 사람들이 많은 것은 우리나라와 다를 것이 없다는 철학을 다시 터득했다.

 Grace가 Congé 내고 8월 3일 Maine에 와서 여기는 End of earth!! 땅끝이래… 그 Maine 시는 조금만 나가면 땅끝 바다라나? Homard를 몇 번 잡아먹고… 4일에 Grace 운전하고 5시간 만에(중간에 바닷가에서 점심 먹고) 하트포드에 오고 June은 제자가 큰 차 갖고 와서 악기 싣고 7시간 만에 뉴욕 가고… 날이 어떻게 가는지 모르게 오늘까지 왔다. 서울이 그립다! 내 생활의 리듬이 깨지니까 내가 더 빨리 늙는 것 같다.

 주말엔 June이 버스 타고 와서 우아하게 식당 가서 고상한 이태리 음식 Wine하고 먹었다(어제). 일요일 밤에는 Special 연극 표를 사서 갔다. 좋은 구경 했다. ⟨Monsieur Chopin⟩이 제목인데 어떤 전문 Pianist(되다 말았나?!)가 혼자 나와 19세기 옷차림에, Salon에… 혼자 Piano치고 혼자 떠들고… 우리 구경꾼들이 몽땅 자기의 Piano leçon 받으러 온 사람이래… 그래 이 곡은 이렇게 치고 저 곡은 저렇게 치고, 영상의 변화로 옛날의 그의 애인들 Salon의 경치들이 보이고… 자기가 George Sand하고 연애할 때 이야기하고… 마치 우리가 그 옛날로 빨려 들어가는 그런… 음악과 이야기들… 2시간 가까이하고 나서는 객석에다 대고 이제 궁금한 것 있으면 물어봐라! 하니까 난리 났다. 웃기는 질문. '리스트와 어떻게 친했냐', '그의 음악은….' 누가 '멘델스존의 음악은?' 하고 물으니까 그건 싸구려 음악이라 싫어한대고… 리스트는 쇼가 너무 많아 싫고, 베토벤도 싫고… 많이 웃고 나와서 셋이 칵테일 한잔하고 왔다. 이곳은 시골이라 10시만 되면 다 불 끄고 자나 봐… 촌놈 동네에 내가 있다. Paris의 밤이 생각났다. 밤늦게 잠 안 자고 모여 앉아 떠들어대는….

지금 저녁 6시 30분인데 Grace가 안 오네… 저녁 다 해 놨는데… 미역 오이무침 + 김치 + 감자 고추 조림 + 장조림 + Main은 LA갈비 재 놨는데….

그동안 미국 와서 애들 등쌀에 초콜릿도 못 먹고 과자도 못 먹고… 밥도 Salade + 고기 아니면 생선… 그랬더니 어제부터 속이 메스껍고 아니꼽고… 그래서 오늘 아침 June이 뉴욕으로 간다고 버스 타러 가길래… 냅다 된장찌개 남은 것, 찬밥 남은 것 먹었지… 낮엔 Grace가 밥 먹으러 온다기에 칼국수 우동 만들어 먹고… 아주 Happy!! 뱃속도 좋다. 메스꺼운 것 싹 가시고…

저녁은 갈비랑 미역 나물이면 됐고… 김치는 시어서 못 먹겠고…

나효신이와 가끔 전화한다. belgium 출판사와 계약해서 악보 나왔다고 보내주었다. 모르는 출판사인데 10곡 가까이 낸다니까 대단하지.

Mon Chapeau이다. 각자 자기 인생길 찾아가는 것 같아 신통하다! June도 Paris에 3주 연주도 있고, Nicola도 만나고 맘대로 하겠지! 부모가 왈가왈부할 단계도 아닌 것 같아 입맛이 별로지만 그냥 둔다. Columbia대학, Yale대학… 연주 등으로 무지 바쁘고 11

월에는 New York Phil의 2nd Harp로 서울 온대고… 이번 여름에는 Bowdoin Festival과 Yale Festival까지 Double로 뛰고 한번 Concert에서 두 곡 연주하면 1750불을 연주료로 받는대요. CD 녹음은 한 곡에 1,500 US 받고. 제 밥벌이하고 사니까 서울 오고 싶은 생각 없겠지.

나의 작곡은 부진하다. 김남조의 《목숨》은 그 선생이 별로 반가워 안 하니까. 그냥 생각 중이고. Opera 대본도 들고 왔는데 읽을수록 이영자의 기질 발휘하기 쉽지 않을 것 같아 고민이고. 급한 것은 내년 4월 김희경이 위촉한 Cello와 Clarinet! 내년 4월에는 Santa Cruz Festival에 이대 음대랑 계약? 했다는 것 같다. 작곡가는 나랑 김성기의 가야금 곡이래. 김성기 선생이 감희경과 동기 동창(이성재 제자)이고 아직 미국을 못 와 봤다 해서 초대했다는군… 나도 가으내 쓰긴 써야겠는데 첼로와 Cla… 멀리 있는 것 같아….

쉽지가 않네… 쓰긴 써야 하는데… Bowdoin부터 생각만 할 뿐이지… 그곳에서는 신달자의 〈어머니〉 곡 두 곡 더 썼다. 그의 시집 《어머니, 그 삐뚤빼뚤한 글씨》를 요즘 많이 읽었다. 1년 넘게 그녀의 불효가 꼭 내 불효 같아서….

누구나 다 그렇겠지만 부모 살았을 땐 너무 몰라… 하는 것 같다. 이 세상에 없다를 실감하면 그때부터 뼛속이 쑤신다. 내가 그러니까… 난이 은미 준영이도 아직 모르겠지! 이 세상에 없다는 것… 대단한 슬픔이 아니라… 없다는 것이 주는 힘이랄까 Esprit랄까. 대단한 거야… 내 오장이 다 뒤집히는… 너도 모를 테니까 관두자….

그 다섯 개의 어머니 노래는 언제 초연할까 생각 중이다. 쉽게 썼다… 도레미 쪽으로… 그래야 어머니 생각 더 나지… 박경리의 3곡도… 앞으로 천상병을 몇 곡 더 쓸 생각이다. 예술은 꼭 그 시대성을 지녀야 하니까. 같은 시대 같은 공기 마시고 함께 들으며 가슴 삭힌 그 소중함이 아무에게나 있는 게 아니니까… 어느 분석이 그보다 더 빛날 수 있겠니… 어디서 뭐 하다 왔는지 모를 시를 찾는 것보다… 천상병의 《요놈 요 이쁜 놈》부터 시작하려고… Cello와 Cla…가 걸려 죽겠다. 두 악기 모두 선율적 처리를 원하는 것 같은데… 그 선율이 요즘 시대에는 사람 잡는 것 아니겠니? 서울 가도 가으내, 겨우내 Cello, Cla 하겠다….

여기부턴 8월 9일 새벽 두 시에 일어나서 계속 쓴다.

나효신은 8월 말에 서울 가면 우리 집 근처 Hotel에 있겠단다. 그 전에 김희경, 35Kg이 자던 곳 Provista와 같은 Hotel이다. 우리 집 근처 우리 할머니 사시던 무지개 Apt 옆, 우성 Apt 옆. 내가 없어 좀 안 됐다만 혼자서 야시같이 잘하니까. 오빠 집에 가도 될 텐데… 그런 점이 내가 싫어하는 거고, 이해가 좀 안 되지만… 그게 요즘 현대인이니까… 9월 1일, 3일 음악회 Delos에서도 많이 가 주도록… 쏘아라!… 좀 기가 줄어든 것 같다만 모르지….

"Delos, 작곡도 못 하면 고만두고 편하게 살지! 왜 안 되는 걸 잡고 뭉개는지 모르겠다!" 그래서 "미국 오니까, 미국놈도 그런 놈들 많더라…." 그랬지. 한두 번 밥도 같이 먹고….

내가 8일에 도착하면 9일도 뻗어 자고 10일이 또 음악회인데 그곳(Mozart Hall) 갈 수 있을지… 그러면 밥도 못 먹겠네….

미국 와서 그렇게 살아 보니까 삶이 두렵고 무섭고 그렇다.

Grace가 High Way 차 몰고 다니는 것도 겁나고, June이 악기 싣고 이곳 저곳 다니는 것도 두렵고… 겁쟁이가 되어버렸다. 그리고 다들 우리나라 어느 시골에 가서 조용히 모여 밥이나 먹고 똥 누고 편히 살았으면 싶다.

잡곡, 골도 안 빼고… 사실 효신 말대로 아무도 안 알아주는데… Amen이다.

돌아가면 고해성사 감이 반포동 집덩이 보다 더 많다. 성당에도 안 갔고.

엉터리로 낮 밤도 못 가리고 살고 왜 사는지도 모르겠고 그냥 걱정 걱정하며 산다. 이영자의 뱃속 힘이 서울 가면 다시 생길까… 지금은 모든 게 두려움뿐이다.

고보석 전화번호 주었지! 그 곡 초연은 국립국악원인데 연주자 이름도 잊었고, 두 번째는 시립국악원 유영주였는데 잊었고, 세 번째는 고보석. 네 번째도 고보석인데 작품 해설을 다 잊었다. I, II, III 악장은 구름 꽃 타고 하늘가로… 인가… I, II 악장은 인생의 행로를 적고 III 악장은 나 죽어서 하늘로 간다는 뜻인데. 고보석에게 없으면, 내가 가서 부엌 뒤 쓰레기처리장 같은, 서고를 뒤져서 Program을 찾으면 되는데… 찾기 싫으면 그냥 두루뭉술하게 다시 써야지… 귀찮다! 영국 연주도 미국 연주도… 뭐도 다 시들하다… Paris에서 한다면! 아마 팔딱 뛰어서 내 돈 내고 비행기 타고 간다고 하겠지! Quelle 간사!

그만 쓴다. 오선지 좀 들여다봐야 인간이지! 그 옛날에! 56년 전에 동양 촌구석에서 쪼맨한 촌년이 어떻게 작곡 생각했을까?! 난 그게 신기해!

나운영 선생님 빼고는 임원식 교수 빼고는 아무도 내게 그걸 하라고 안 했거든… 돈도 못 버는 건데… 연구 대상 논문감이다.

2006년 8월 8일 오후

Chère Mme Eicher 옥순

찌든 살림 때를 툭툭 털고 KAL 901편에 올랐습니다.

당신을 만나러 간다니 흥분입니다.

우선 비행기 안에서 아기 옹알이하듯 내 넋두리로 씁니다.

2시에 비행기 뜨고 3시에는 식사가 시작됐지만 나는 과일과 약간의 Fromage와 café로 끝냈습니다.

비행장까지 태워다 준 남편과 두 손녀와 함께 육개장 한 그릇을 다 먹었으니 또 먹을 순 없지요. 식사 다 끝나고 3시 될 무렵 환한 대낮인데 비행기 문을 꼭꼭 닫고 불도 끄고 밤을 만들었습니다. 그래야 Paris의 생활시간으로 쉽게 적응한다는 뜻이겠지요. 마일리지로 업그레이드한 prestige는 아주 좋습니다. 좌석 단추 누르니 침대처럼 거의 수평이 되어 편하게 잤습니다.

2012년 난이랑 같이 갈 때부터 탄 preestige는 정말 좋은 세상을 실감하고 내가 많은 것을 보고 느끼고 살 수 있어 감사할 뿐입니다. 1958년 여의도 간이 비행장에서 프로펠러 비행기 타고 만 이틀, 아마 48시간 만에 프랑스 파리로 공부 갔던 때와는 격세지감이 몇 번 겹친 것 같습니다.

참, 떠나기 전에 서울에서 개봉영화 '국제시장'을 보았습니다. 함경도 사람들이 마지막 배를 타고 1951년 1·4 후퇴 때 거제도, 부산으로 오던 장면. 1월이면 함경도가 얼마나 추웠을까 상상이 됩니다. 나는 1950년 12월 8일인가 온 가족이 서울에서 트럭 짐칸에 이불 뒤집어쓰고 4일 만에 부산에 갔습니다. 왜 그때 4일씩 걸렸는지… 지금은 3시간이면 가는데… '국제시장'을 보면서 나의 옛날도 스쳐 갔습니다. 1951년은 학교도 없었고 먹을 것도 돈도 없었던 나의 20세 나는 '국제시장' 어느 편물점에다 내가 짠 스웨터를 갖다 주곤 했습니다. 그 시절 털실도 별로였는데 사흘 나흘이면 스웨터 하나를 짰으니까요. 그리고 몇 푼의 품삯, 아마 지금 돈 만 원을 받았는지… 온 가족 다 가서 그 영화 보며 가슴 뜨겁게 회상의 눈물을 흘렸습니다.

이제 3시간만 더 가면 Paris에 도착하겠지요. 12시간 비행은 아직은 가능합니다. 60년대, 70년대, 아마 80년대까지도 18~20시간 탔습니다. 앵커리지에 내려 한두 시간 머물러 주유하고, 나는 그때 그곳에서 비싼 우동을 꼭 먹어야 나머지 6시간을 견딜 수 있었을 때였습니다. 지금 생각하면 격세지감 나는 시절입니다.

오늘 비행기는 정말 하느님이 봐 주시는 것 같습니다. 흔들림 한 번 없이 잔잔하게 잠든 아기 깰까 봐 아주 평온하게 갑니다. 나는 내내 책 읽고 글 쓰고 score도 보고 Bartók 음악도 분석하며 갑니다. Paris가 내게 있어 어떤 존재인지… 왜 몇 년에 한 번은 꼭 찾아가야 하는지… 그것도 식구들 다 떼어놓고 혼자서 가야 하는지… 나는 고독과 절망을 사랑하고 절망 다음에는 햇빛, 꼭 성숙한 희망이 있으니까요. 가서 뵙겠습니다.

2015. 1. 13. 이영자

Y 교수께

오선지 100매 들고 프랑스까지 한국의 전통음악 국악관현악 곡을 쓰려고 왔습니다. 내가 한국 에스프리esprit인데 이 세상 어디 간들 다르겠습니까.

삶의 끝자락 무렵이라고 생각하니 아쉬운 것이 너무 많습니다. 아직도 지팡이 짚고도 절룩이는데 그 몸으로 이곳에서 산 것이 기적 같기도 합니다.

몸은 분명 핸디캡인데 마음은 정상인 것 확실합니다. 그냥 마음 하나로 살 생각입니다. 몸은 뒤늦어도 따라오겠지요.

수필 쓰기가 많이 밀렸습니다. 파리에서 겪은 일들 쓸 것은 많은데 마음이 왔다 갔다 합니다. 새벽까지 오선지 만지다가… 원고지 찾고 글 쓰려고 앉았다가 오선지 찾고… 변덕의 연속입니다. 그래도 저의 인생에 후회는 안 하기, 후퇴도 안 하기라 앞으로는 갑니다.

그냥 겪은 일 한 토막 적었습니다.

2015. 1. 15.

난이에게

　오랜만에 너에게 편지 쓴다. 뭐 주말에는 전화할 텐데 하고 편지 안 했는데 그 전화가 고작해서 몇 분 소리만 지르니까 감질만 나고 어쨌든 답답하다. 이제 곧 1개월여 있으면 네가 또 올 것이니까… 하고 세월 가는 걸 기다리고 있다. 세월은 정말 빠르다. 일주일이 금방 가고. 나는 화, 목에는 영어 학교 다니고 월, 목 밤에는 French(Advanced) 다니고 금요일 오전은 Brush Painting Leçon하고. 그래서 도무지 똥 눌 시간도 없는데 1주일에 4회 Party도 했으니… 160명 먹였지. 그것도 내가 부엌에서 다 하는 건데, 고단한 생활 탓인지 서울의 90만 원씩 주고 해 넣은 이빨이 50만 원어치가 다 빠지고 쑤시고 해서 금관을 깨부수고 했어… 그래 이빨 하러 서울 갈까 했는데 이곳 의사는 5개 이빨에 350$ 달라니까 싸서 한 번 속는 셈 치고 여기서 해 볼까 한다.
　일본에 주문했던 Piano는 어제 드디어 찾아서 2층에 놨어…. 연한 밤색인데 예쁘다. 서울 Piano 상처 내지 말고 문 꼭 걸고 깨끗하게 쓰도록 하여라. 준영이를 Piano leçon 보내고 있다. 어차피

Harpe 못 할 바에는 Piano라도….

　나의 동양화도 많이 늘었고 서양화도 많이 그리고 있다. 작곡도 잊지 않고 있다만. 어쨌든 예술이란 어렵고 끝이 없는 것이니까 계속 생각하고 노력해야지. 난이도 나는 강제로 악을 쓰면서 하라고는 안 하겠어. 이젠 너를 믿어도 되니까 알아서 해요. 엄마 때문에 마음 무겁게 생각하지 말고 O.K?

　내 옆에 있으면 맛있는 것도 먹게 하고 놀러도 갈 텐데. 은미, 준영이 하고 우동 먹으러 Hotel에 갔더니 "언니는 못 먹는데 우리만 먹어서 안 됐어요." 하드라. 너도 서울서 먹고 싶은 것 다 사 먹어. 너무 돈 아끼지 말고. 돈은 쓰면 또 생기는 것이야. 엄마 상아 도장 깨서 고민했겠지… 대만에서 10$짜리고 또 안방 엄마 방 장롱 속에 그 도장이(조각된 것) 여러 개 있으니까 걱정하지 말아. 엄마 이름만 쓸 수 있으면 돼… 그리고 은행 다닐 때는 특히 조심하고 찾아서 꼭 집으로 가고 집에 가서도 열쇠 열고 꼭 채우고 Hand bag에 돈 많이 들고 다니지 말아라. 세상 험한데 엄마도 없는 곳인데 학교 갔다가 일찍 집에 오고 학동에나 가고 집에서 쉬고 Piano치고. 집구석이 천국이라는 걸 너도 알게 돼… 나도 미친년같이 다녔는데 그땐 옛날이고 인심도 좋을 때야… 요즘은 흉악한 세월 아니냐?

　은미는 미국 학교에서 Outstanding Student라고 성적표에 써 왔어… 정말 신기하게 잘해. Advanced French Course도 청강생이었는데 그 반에서 제일 잘해서 학점을 주겠대요. 너무 우수한 학생이라고 E.S.L(영어) 선생이 추천해서… 아들은 없지만, 그래서 가끔 내가 야코가 죽지만 기똥찬 딸들이야… 아들만 있었음 안하무인 됐을 거라나? 여기 아주머니 왈… 그러나 아들 필요 없어! 다 보통 딸이 아니니까.

그럼 사랑하는 난이 잘 있어, 엄마 생각나면 Piano 쳐요!

1982. 10. 25. 엄마.

Grace에게

아빠는 아침 11시에 비행장 가고 나는 아침 10시 기차로 대전 Zonta 행사에 참석하려고 기차 타러 나갈 거야. Zonta 회장 맡으니까(한국의 mother Zonta니까 오라 가라가 많음) 정말 바쁘군.

그런데 네가 보낸 Fax의 June 비행기 표는 Something wrong?! 아니니?

June이 8월 6일쯤(또는 7일?!) 6일이 좋은데… NY에서 LA로 와야지….

왜 San Francisco인지 이해가 안 됨. LA에서 Concert… 그리고 12일에 LA-〉Seoul 갔다가 Visa 받고 다시 New York… 알았지.

New York-〉Los Angeles로 하는 것… 난 기절할 뻔 했네.

아빠랑 같이 있다가 14일 아빠가 서울 비행기 타면 너는 어디서 잘 것인지, 14~17일까지 엄마 비행기 표는 놔둬… 여기서 내가 살게… dollar가 1불에 140이니까 나도 700 us면 살 수 있단다.

NY에서 Paris 갈 때 짐 많이 갖고 가지 말 것… 힘드니까. 옷만 몇

벌 들고 가고 예쁜 것 있으면 사 입어… 은행 볼 일도 잘 보고… 요즘 세상은 무섭다. 조심해야 해… 엘리뇨 현상 + 말세 현상 + etc… 겁나니까 조심해라….

엄마가

le 23 Janvier

헤리에게,

여러가지 사진 잘 받았다.
충리一行 다녀가시느라 밤잠 못자고 몇日 혼났다.
오늘부터 보따리 싸기 시작이다.
26日 (月)에는 Ton de Leeuw 에게 갔다올것이고 (나적때는 너희 얘기 안했었다.) 떠나기 바로 전께지 (2月 까지 3.4日)같것이고 더 2도 paris로 가갈 생각하며 Apt.도 찾고다녀 어땠든 오느것 깨닫나. Messiaen에게도 正초히 편지 썼고 내 음악 Biography도 보냈었다. (paris 가갈것이라는 얘기는 안했지) 어떻든 너는 내 아들보다 작은들 (句) 해더 그리 애절하나와 끝을 끝에 길은 올린다고,, 내 숨이 내 뜻대로 老牛처럼도 가는것들 Messiaen과 찍은 사진 기똥차게 잘나와서 특히 네가 맹─── 하지 않고 이쁘게 "딱" 소리나게 나다너 확대했다. 액자에 넣어서 후배들 내방에 놔두라고... OK.

다음 이 수년 함께 바쁘게 보낼것을 내가요 가갈것을 예 마음이오.
3月初에는 너무 가바되고 (히러잇): 운혜가 쓸다. 잘있기 (印)

※ 눈비는 이곳 교수가 너무 좋다며 계속 있고싶다하여 방 얻는中이다. 나도 年으로 Cada 떳기로 마련다 딱... 너무 바쁘르기 쓴다고. paris 가면 Ecole Normale 이 가바되고. 아니면 Messiaen夫人에게 priée

사랑하는 제자들에게

… 오선 위의 넋이어라
그대의 자화상은…
애틋한 사랑과 그리움 담고
여덟 해가 갔네

싱그러운 오월의 한복판
십오 일 그것도
이름 있는 날에 만나고 싶어
초대합니다.

옛날 생각하며
가벼운 마음으로
반포동 우리 집으로 오세요.
한나절 맘껏 놀아봅시다.

나는
IMF式 점심으로
비빔밥과 수제비 떠 놓고
온종일 집에 있을 테니

12시에서 해질녘까지
아무때나
시간 되는 대로 오세요.
바빠서 못 보면
또 다른 날 보고… OK?

Young Ja Lee 5월 8일에

성희에게

지난번에 네 편지 처음 받고 곧 답장 쓴다고 벼르다가 이제 다시 네 편지랑 박일경 씨 편지 잘 받았다.

Mme Schmit 편지는 벌써 오래전에 받았고 잘 지낸다니 반갑다. Mr. 박도 이제는 좀 자신이 있는 모양이고 Mme Fontyn 편지에도 한국 학생 둘이 다 좋다고 했고 또 너도 참 좋은 학생인 것 같다고 칭찬을 했더군.

아마도 내가 잘 가르친 것 같다며… 잘 해나가기 바란다.

Mme Fontyn과 나는 처음에는 Contrepoint classe에서 사제 간으로 출발했다가 이젠 완전, 친구가 됐거든… 또 둘이다 똑같이 Mr. Quinet 교수 제자라는 점에서 어떤 공통점을 느끼기도 했고….

교수로서는 Quinet 선생이 최고인 것 같다. Fontyn은 교수보다도 창작가로서 더 좋은 것 같고… 그래서 김홍인 씨와 안 맞았던 것 아닌가 싶고… 어쨌든 객지에서 고생이 많겠지만 그곳까지 간 보람 있게 많이 배우기 바란다.

piano 빌려야 될 텐데 어떤 Mme과 같이라 불편하지 않을는지….

그래도 pianist 공부 아니니까 괜찮을 것도 같고… Apt에서 밤에

piano 치면 지랄… 하니까….

나는 이곳에서 잘 지내고 있다.

New York으로 떠나서 1주일 지나고 바로 이곳 오려다가 그래도 낯익은 고향이라고 Paris로 날아서 3일 있었어.

책방 다니고, shopping하고, 옛친구 만나느라 시간 없어서 Bruxelles 에 전화도 못 했지. 전화하면 마음만 심란할 것 같아서….

우리는 이제 서울로 들어가게 됐다. 그동안 이곳에 있는 기한도 넘은 데다가 한 대사가 나이지리아 정부와 끈질긴 교섭 끝에 북괴 공관원의 짓궂은 방해에도 무릅쓰고 드디어 우리와 국교 수교에 이르렀다. 우리나라에서 볼 때 나이지리아 문제는 아주 큰 것이어서 정식 수교가 한 대사를 통해서 되니까 요즈음은 매일 축전 받기 바쁘다.

아직 정식 발령은 안 났어도, 후임의 아그레망 기간 중이라, 장관께서 직접 한 계급 승진과 본사로 들어오라는 명을 2월 18일에 받았다.

아마 4월 초에는 서울에 온 가족이 만 4년 만에 들어가게 될 것 같다.

이곳에 있다가 차기에 남미나 중미나 아니면 또 이상야릇 흉악한 곳에 발령 나면 어쩌나 했는데… 어쨌든, 나에게는 이 세상 어디보다도 지금 현재는 서울이 제일 희망지였으니까 소원 성취한 셈이다. 삼재운이 다 가니까 금년부턴 무엇인가 좀 되어가는 느낌이다. 어쩌면 3월 말경 아이들 끌고 Paris로 갈는지 모르겠다. 며칠 쉬고 놀고 해야 하니까. 그때는 Fontyn께도 Tel하고, 네 Tel을 모르니까 대사관 Mr. Chun께라도 Tel 할 것이니까 그때 네가 Paris로 나오면 어떨는지… 우리는 대식구라서 끌고 다니기 힘드니…

그래야 만나보게 되지? 너도 전 씨 만나면 우리 소식은 듣게 될 것으로 믿는다. 그러면 내년부턴 나도 왔다 갔다 하는 번거로움도 없게 되겠지.

당분간은 좀 조용히 살고 싶어… 하늘로 길로 있는 돈 다 뿌리고 다닌 것도 내 팔자겠지만, 2년 전에 번역한 Fugue 책 이번에 여기 들고 와서 정식 원고로 엊그제 겨우 마쳤다. 이제 금년 안에 책으로 나오겠지.

이제 돌아가면 아이들은 충실히 가르칠 수 있을 것 같다. 가정이 가라앉을 테니까… 그래도 은미, 준영이 서울 공부하자면 고생 꽤 할 것인데….

Bruxelles은 일기가 나쁘지? 음침하고 비 오고… 반짝 햇볕 나는 날은 1년에 1, 2개월 있을 거야. 시간 있으면 주말에라도 Tervuren공원에 산책가렴. 45, 44번 전차 타면 종점이니까 Louvain 가는 길목에 아프리카 박물관 있고… 나는 그곳을 무척이나 좋아했었지… Quinet 교수 집이 그 근처이기도 했지만, 그 공원을 그렇게 자주 찾고 숲속을 거닐곤 했었어.

온종일 호숫가에 앉아서 머리를 거꾸로 땅에 박고 물속에 비치는 한 폭의 풍경 그림을 보곤 했어. 그것이 지금 내 esprit 속에서 언제나 신선함을 안겨주는 거지만….

나 서울 가면 엄마 만날 테니까 뭐 부탁 ect… 준비해 두고….

돈은 충분히 있는지… 어쨌든, 몸조심하고 잘 있어. 남편에게 편지 자주 쓰고 비록 남편 답이 뜸하게 오더라도… 잘 있어… 전 씨에게도 안부 전해줘.

네가 잘 있다고 이곳으로 전보를 다 쳐 주었다고.

안녕!

le 25 Fevrier '80 young

아저씨

심호택 아저씨

미국에서 할아버지라고 불러드린 것 너무 죄송했습니다. 저에게는 아저씨였는데…. 연세가 많으시니까 저도 서울에선 할머니라 불러주니까 그랬는데….

생각해 보니 제가 너무 무례했습니다.

그동안 건강히 잘 지내시는지요. 오랜만에 만나는 아저씨는 손자, 손녀, 아들 부부에 웃음 가득 생각했는데… 혼자 사신다 해서 상상이 깨졌습니다. 샌프란시스코를 다녀오고 두 달이 지났습니다. 돌아와서 꼭 그곳 여러분들께 고맙다는 인사를 했어야 했는데 세월이 초고속으로 가고 반대로 저의 마음과 몸은 모든 것이 무디어 가고 있나 봅니다. 8박 9일의 그곳 방문은 너무 짧았습니다. 60년 만에 만나 뵌 아저씨와 단 한 번도 따뜻한 이야기, 옛날이야기도 못하고 짜여진 시간표에 끌려 다니다 온 기분이어서 많은 섭섭함과 아쉬움과 버릇없었다는 부끄러움으로 마음 편치 않았습니다. 제자들과 그곳 이화 동창들에게도 염치없는 사람 된 것 같아 마음 아픕니다. 분에 넘치는 환대와 사랑에 어떻게 보답해야 하는지 마음만 무겁습니다. 얼마 전에 보내주신 서신과 사진들 반갑게 받았습니다.

저는 지금 강원도 춘천에 와 있습니다. 4년쯤 전에 남 춘천 역 근처 공지 천 옆에 새로 지은 작은 아파트를 마련하고 저의 작업실로 꾸몄습니다. 서울 집도 3층이라서 공간은 넓고 불편 없이 사는데 자주 외출하고 전화 받고 살림살고 낭비되는 시간이 많아 나 홀로 이곳에서 작품 구상, 집필하고 있습니다. 그 옛날 강원도 촌에서 왜 음악을 시작했는지 아무리 생각해도 모를 일입니다. 음악에 문외한인 부모 밑에서 여자가 식잖은 (쓸모없는) 음악을 하다니… 팔자에 있는 음악인지 아닌지 지금까지 불가사의지만 오늘까지 왔습니다.

1944년 3월부터 1945년 해방될 때까지의 2년을 아저씨 집에서 하숙하며 공부했던 생각 많이 합니다. 그때 나의 아버지는 원주 군수였습니다. 일제 강점기의 마지막 호된 경험 – 군복의 단추 달기, 강촌 산으로 봉지 들고 고사리 꺾던 생각, 아름다운 추억으로 있습니다.

춘천은 내 어릴 적 고향이지만 참 후진 곳입니다. 몇 달 전에 전철이 개통되어 서울에서 남 춘천까지 65세 이상은 무료로 다닙니다. 주중에는 무료 전철로 올 수 있지만 주말에는 한가한 노인들이 무료로 남 춘천까지 와서 닭갈비, 막국수를 사드시고 소양강 댐 구경하고 다시 서울로 가서 주말 전철 초만원입니다. 우리나라에서만 볼 수 있는 풍속도입니다. 그 덕에 저의 아파트 값도 많이 올랐답니다. 몇 해 전에는 전철이 온양온천까지 가게 되어 많은 노인들이 아침에 집에서 나와 무료 전철 타고 온양온천 가서 온천하고 점심 드시고 저녁에 귀가 하는 것이 유행이었는데 요즘엔 춘천으로 바뀌었답니다. 점점 노년 인구가 많아지고 자식들은 노인들을 기피하고⋯ 그래서 길로 절로 소일거리 찾아 나선답니다. 슬픈 풍속도입니다.

춘천은 온화한 시골입니다. '호반의 도시 춘천' 이름 하여 아름답지만 내가 살던 그 옛날에서 6, 70년이 지났는데도 아직도 생산성 없는 즉, 죽은 도시같이 느껴집니다. 도청이 봉의산 밑에 있고 시청, 법원이 그 자리에 있고 강원대, 한림대가 있고 내가 다니던 여학교와 그 옆에 향교가 있고⋯ 그리곤 변하지 않은 세련 안 된 옛날 그 모습입니다. 어쩌면 이렇게도 변하지 않을 수 있을까⋯ 인구도 30만이 안 되고⋯

며칠 전에는 작품 쓰다 말고 운동화 신고 산책 나갔습니다. 중앙로를 걸어 여학교 앞을 지나 후평동으로 한 바퀴 돌았습니다. 걷다가 찻집이 나오면 coffee 한잔 하려고 생각했는데 집에 돌아올 때까지 서울에 몇 집 건너에 있는 스타벅스, Tom N Tom, coffee bean 그 외 수 없이 많은 신식 찻집이 하나도 눈에 띄지 않았습니다. 아니면 그 옛날 다방이라도... 한 시간 반을 걷다가 돌아왔습니다. 세상이 얼마나 많이 변했어도 춘천은 그 옛날처럼 촌스러운데 사람들은 옛날 모습 없는지 그대로인지 세상 흐름을 거꾸로 가는구나 - 했습니다. 내가 자라던 그 시절에는 없었던 '춘천 막국수', '춘천 닭갈비' 집은 자주 눈에 보입니다. 가을에는 해매다 "춘천 막국수 Festival"이 공지천 가에서 천막치고 열립니다. 6·25 이후에 일어난 음식문화라 생각됩니다.

일주일 작업 마치고 일요일엔 서울로 귀가합니다. 쓴 작품 4월 말까지 정서해서 보내고 5월 한 달 쉬고 다시 11월 음악회를 위해서 작품 써야 합니다.

끊임없이 몸과 마음 짜내서 예술을 해야 한다는 것 고되고 힘들지만 이젠 더 어디로 도피할 수도 없어 그냥 갈 생각입니다.

뵙지 못하더라도 건강 유의하시고 오래 사시기 빕니다. 저도 아저씨 따라 90세까지 건강하기를 기도하렵니다. 아직도 짜놓은 작품들이 많아서 그렇게 소망해 봅니다.

다시 소식 드리겠습니다.

1981년 3월
춘천 근화동 미소지음 아파트에서

이영자

제7부
사랑 가득, 그 아름다운 이야기
- 받은 편지

여보!!
"결혼 60주년"이란 이정표를
바라보며 지난날들 되돌아봅니다.
사랑으로 맺은 우리는 뚜렷한 목표와
푯대를 가지고 뜻 있는 인생을 영위
했지만 많은 수 많은 삶이었습니다.

이겐찮나 머리 흰 없이 않았지만 우리는 사랑과 이해
로 축복했고 무리사랑하는 자녀들과 아름다운
가정을 이룩했으니 성공이지요. 더욱 없이 아쉬움에
있겠습니까. 이것이 모두 당신의 사랑과 희생의
작품입니다. 고마워요. 사랑해요..!!
이제 건강하게 숨쉬며 우리 사랑하고 자랑
스러운 아들 나가는것을 바라보며 날개 펴
바람 박차솟는수 있도록 주님께 의존하고 기도
합니다. Merci infiniment. 2020. 11. 22.
                                    응종

엄마.

제발 관심 안 내길 제가 빕니다.
제발 Celebrex 목요일 마다 드세요.
제발 밤에 세두+ 이 닦으세요.
제발 차선 잘 지키세요
제발 몸을 아끼세요.
제발 엄마의 60만불짜리 다리를 생각해서
  살 빼세요.
제발 저희 걱정마세요.!! 종종 전화 주시면
  엄마 목소리 듣고 너무 반가워요. 그러나
  Ne vous inquietez pas.
  제가 은희언니 챙길께요.

엄마 이젠 한불에서 Miyake 만 발 OR
정모비 OR Boiler 모금 OR 한우병 회갈비
OR Izumi 에서 살 드세요. OR 법집
걱정이 최고인거 우리 빼삼 느꼈으니 엄마
제발 무리 하지 마세요.
제발 책 배달하지 말고 가지러 오라고 해요!!!
엄마 따라오는 사람 이 지구에 없지만
엄마의 몸은 그냥 보통 인간의 몸이란걸
기억하세요.
저는 뱃가죽이 땡땡하게 땡겨진 상태로
NY 에 갑니다~ :) love. June

菊亭남님

언제는 나이들어 기력이 없어
편지 한장 쓰는데도 이다지도
어렵습니다. 집안이 康安하옵시고
大(후남)内패 하는데도 적적이
되와깔 지요. 겨울방학에서 돌아온
낟이가 木彫刻(절작품) 갖이고
방에 갖이와 감격 했읍니다.
불쌍한 목숨경이가 — 말이 안나옴
니다. 생각나면 그의 명창을
뵐뿐입니다. 목살이 여기와면
菊亭님 앞에서 묵어라 말하지요.
듯자니 II 됐때에는 Ewha의
길일홍 늧들을 지방 하신다는데
참말 이기쁨 배갑습니다.
봉사 여게도 대사님에게도
안녕 즐시기 바랍니다

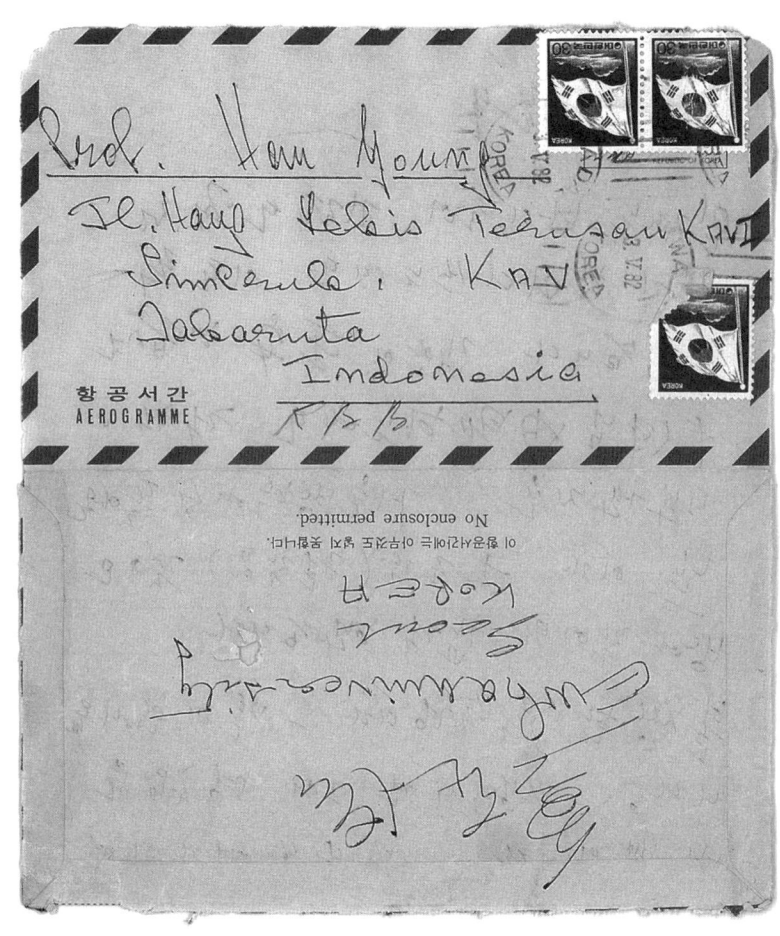

이영자 교수님께
안녕하세요? 교수님
저는 시골작은 이성국민학교 6학년에 재학중인
구지선이라는 아이입니다.
제가 교수님께 이 글을 올리는 이유는 한가지
때문입니다.
그이유는 교수님께서 저희학교에게 소년동아일보
라는 신문을 보내 주셔서 감사하다는 말을
하고 싶어서 편지를 썼습니다
물론 교수님은 바쁘셔서 저의 편지를
못 읽으실것입니다
학교에서 학생을 가르치시고 또 집에와서는 청소며
밥을 하시느라 바쁘실것입니다
교수님께서는 세계 어디든지 다 가보셨지요
블란서, 미국, 아프리카, 인도네시아 등등 안가본것이
없을것이라 저는 믿습니다
교수님, 교수님은 생각이 깊은 사람 같아요
생각이 깊으시니까 저희학교같은 시골작은학교 까지
생각하셔서 신문을 보내주셨잖아요
교수님, 몸 건강히 안녕히 계십시요!

1993년 3월 28일 일요일
구지선올림

보내는 사람 전북 완주군 아서면 아성리 4지구 양국교

6시 구자선.

560-850

받는사람
서울 특별시 서초구 반포동 720-33

이 영 자 교수님 (귀하).

137-040

안녕 하세요.

저는 6학년 1반 김충열
이예요.

매일 매일 신문을 보내 주
서서 고맙습니다

저가 누나라고 불러도 될까요 누나 덕분에
우리는 신문을 잘보고 있어요 저는 글씨를
너무너무 못써요 남자라서 그런지 몰라도 글씨가
정 많이 예요 그런데로 누나에게 쓰는편지라
정성껏 쓰여 있어요 누나가 소년 동아를 보을누나도보
섰지요 저거선생님이 저를 망세라고 고탑니다
소년동아를보에 나오는 콩망세·형제라는 말을
따서. 선생님이 저을 망세라고 탑니다
웃기지요
누나 정말 신문고 마워요
누나편지너무 못쓰지오
그럼
안녕이 계세요
몸건강 하세요
91년 9월 3월 화요일

그동안 안녕하셨읍니까?
하시던 Messiaen은 잘
마치셨는지요?
저희들은 여전합니다.
다름이 아니라. 1月 6日.
8시 30. Théâtre des Champs
-Elysées 에서 N.O.P 와-
Rachmaninoff 3번을 협연
합니다. 시간 있으시면.
대사님. 따님들과 함께 와주새
그랬게습니다.
새해에도 가정에 많은 복 깃들
바라면서 이만 줄입니다.

1989年 1月 1日

윤경희 드림.

P.S. 1月 16. 18. 20일 에는
12시 45분. Théâtre Musical du Châtelet
에서 독주를 합니다.

이영자 선생님

　자연의 푸르름이 마음까지 물들일 것 같은 계절입니다.

　매일 다르게 변화되는 색을 바라보면서 고속도로를 달리며, 시간을 가로지를 수 없는 것을 느낍니다.

　살고 나면 순식간에 지났을 시간일 텐데, 때때로 아주 긴 터널을 지나는 것 같기도 하고,

　일 분도 긴 것 같기도 하고….

　시간을 물리학적으로 또는 천문학적으로 이해하지 않고, 마음에 다가온 것으로 느끼기에는 과거가 미래까지 강한 흡인력으로 잡아당기는 것 같습니다.

　어릴 때는 2000년이라는 숫자가 아주 멀고 먼 시간의 일로, 그때가 되면 제가 아주 큰 어른이 되어서 세상을 고요히 관조할 수 있을지 일었는데, 막상 그 시간이 눈앞에 다가오니까 아직도 아이의 마음을 간직하며 나이는 겉모습에 존재하고 마음은 먼 곳을 헤매고 있으니, 때때로 마음이 아프겠지요?

　그렇지만 아름답게 세상을 살아가는 사람은 자연의 가을같이 많

은 것을 보여 줄 수 있는 것 같습니다.

　봄이 화려하다고 해도 가을의 그 풍성한 화려함과는 비교할 수 없을 테니까요.

　선생님!

　항상 적극적으로 사시는 모습에서 많은 말씀을 하시는 선생님의 삶이 아름답습니다.

　그 아름다운 모습을 늘 간직하시고 건강하셔서 오선지의 이야기를 많이 펴나가시기를 기원합니다.

　그래서 그 소리들이 이 세상에 영원히 남겨지기를…. 늘 격려 해 주시고 많은 사랑을 주심에 진심으로 감사드립니다.

　기대에 어긋나지 않도록 최선을 다해서 이 세상의 나들이를 아름답게 만들겠습니다.

　선생님!

　감사합니다.

　　　　　　　　　　　　　　일천구백구십구년 오월 십이 일에
　　　　　　　　　　　　　　선생님의 사랑에 감사드리며….
　　　　　　　　　　　　　　　　　　　　조인선 드림

선생님 보세요

 쓰고 보니 얼룩얼룩 잘 안 보여서 선생님 마구 화내시겠지만 지금 가진 연필이 이것뿐이에요.

 선생님, 여행 후 편찮으시다더니 이제는 다 나으셨는지요?
 선생님을 처음 뵌 이후 15~6년 만에 처음으로 몸져누우셨다는 말씀 듣고 참 놀랐어요. 무리는 안 하셨으면 해요.

 선생님 파리 음악회가 그렇게 훌륭하게 끝났다니 참 자랑스러워요. 오늘은 진정숙 선배님께서 보내주신 6인 음악회 프로그램도 잘 받았습니다. 동문들이 그렇게 활동하는 걸 보니 참 자랑스럽고 기뻐요.

 선생님께서 파리를 떠나시자마자 Betsy Jolas에게서 편지가 왔어요. 제가 편지와 악보는 꽤 오래전에 보내드렸는데 묵묵부답이다가 선생님 덕분으로 제까닥(?) 되었지요. 선생님 그늘을 영 못 벗어나지요. Jolas 선생님께서 기꺼이 받아주시되 한 달에 한 번 레슨을 주시겠답니다. 어떻게 들으면 난 바쁘니 더 이상 방해하지 말라는 것 같기도 하고 또 한편으로는 제 음악을 인정해 주셔서 그러시는 것 같기도 하고….

암튼 그렇게 되면 다른 선생님도 한 분 더 정해서 공부하기 딱 좋겠지요. 전 장학금 받는 건 포기했어요. 학생 신분이 아니고 제가 백수건달(?)이라 아무도 관심이 없어요. 12월이나 1월 초에는 자비로 꼭 가고 싶어요. 남편이 set-up 해야만 갈 수 있기 때문에 시간이 걸리지요.

저는 뒷마당에 올해가 마지막이다. 생각하며 꽃도 심고 상추, 콩, 홍당무 등등 씨도 뿌렸어요. 내년에는 꼭 이곳에 있지 않길 바라며….

효신 드림
1993. 03. 23.

존경하는 이영자 선생님

피곤은 좀 풀리셨는지요? 꽤 힘이 드셨을 텐데 참 대단하십니다. 역시 은미한테서는 그간 카드도 오고 사진도 봤지요. 제 컴퓨터가 또 고장이 나서 겨우 오늘 동생뻘 되는 아이가 두 번이나 와서 당분간 급할 때만 사용할 수 있게 해 놓고 갔습니다. 아무래도 새로 컴퓨터를 하나 장만하든지 해야지 제 것은 이미 너무 후져서 팔지도 못하게 생겼습니다. 지금 막 오랜만에 앉아서 은미한테도 팩스를 써 보내고 어머님께도 쓰는 중입니다.

너무 오랜만이라 좀 서먹서먹합니다. 난이와 병아리들은 잘 지내는지 궁금하며 어머님은 또 미국에 힘드셔서 어떻게 가실까 걱정됩니다. 저는 어머니가 주신 된장으로 찌개도 끓여 먹고 고추장도 끼니때마다 퍼먹고 때마다 감사하는 마음으로 어머니 생각 많이 했습니다. 갑자기 또 초등학교 동창생이 20여 년 만에 처음으로 연락이 닿아 만났지요. 참 절 찾아 주는 사람이 많아 저는 내 즐겁고 행복하게 잘 지내는 편입니다.

제가 좀 돈이 많고 부자로 잘살게 되면 참 주위 사람들한테 잘하고 싶은데 여건이 받쳐 주질 않아서 제가 하고 싶은 만큼은 늘 못하고 사는 게 안타깝습니다. 그러나 모든 사람들은 제가 모자라도 탓하지는 않아 보입니다. 그래서 천만다행입니다. 난이와 병아리들이 많이 그립습니다. 한 번 품에 안아보고 싶고, 참 나, 제가 이것의 절반만 한 애정이라도 한 남자에게 돌릴 수가 있었다면 우리 부모님께 상당한 효도가 될 것을! 어쨌든 참 보고 싶습니다.

  저는 그간 난이가 보내준 책을 한 권을 읽었답니다. 참 선물치고는 너무 좋은 선물을 해줘서 역시 안영신은 인복이 있다고 자부하고 있습니다. 저의 이 마음을 살펴주십시오. 그리고 좋은 미국 여행이 되길 바랍니다. 어머니 머리핀과 여행용 거울을 아직 찾지를 못했지만, 꼭 찾아서 부쳐드리겠습니다. 혹 필요하신 게 있으시면 언제라도 연락을 주십시오. 어머님의 정성과 마음을 감사드립니다. 아버님께도 안부 전해 주시고 늘 건강하십시오.

안영신 올림 Le 30, juillet 1998

이영자 선생님께

선생님 덕분에 저렴한 비용으로 품위 있게 독주회를 하게 되었음을 너무나 감사히 생각합니다.

어디든 적을 두는 게 필요할 것 같아 여기저기 쫓아다니다가 꼭 가야 할 선생님 음악회를 모두 놓쳐버렸습니다.

어리석은 제 모습을 보며 뒤늦게나마 선생님의 음악회를 축하드립니다.

스승이란 존재에 대해 '뼛속 깊은 회의'를 품고 있던 때 어디에선가 한 줄기 흐르는 맑은 물을 발견한 것같이 '스승의 존재'를 깨닫게 해 주신 선생님은 제가 적지 않은 세월을 살아오며 못 만난 '참 스승님'이십니다.

제가 아무리 많은 시간과 노력을 투자했던 '어떤 것'에 아무런 '보상'이라는 것이 없다 하더라도 '참 스승님의 존재'를 일깨워 주신 선생님은 제게 이미 산다는 것에 행복이라는 걸 느끼게 해 주시는 분이십니다.

독주회 날 후회 없이 잘해서 선생님을 떳떳하게 봬야 할 텐데….

열심히 하겠습니다.
박근정 올림

2003. 05. 14.

P.s. 독주회 끝나고 정식으로 인사드리러 찾아 뵙겠습니다.

이영자 선생님께

　편지지에 이렇게 글씨를 적어 보는 것 참 오랜만입니다.
　선생님께서 주신 책 《오선 위의 넋이어라 그대의 자화상은》을 받아 읽으며 놀라움과 함께 대답은 필히 편지로 해야겠다는 마음이 불꽃처럼 피어올랐습니다.
　서초수필문학회에 첫발을 내미신 모습에서 단아하면서도 기품이 감도는 귀골이시란 걸 감지했지만, 날이 갈수록 선생님의 진면목이 숨은 보물을 하나씩 꺼내놓듯 빛 그 자체인 줄 깨달아 갑니다.
　〈내가 받은 사랑의 편지〉로 한 권의 책이 되었다는 사실도 놀랍고, 고이 간직하셨다가 귀한 메시지로 승화되는 세월 속의 만남이 얼마나 가치 있게 다루어지는지 이 모두가 선생님의 고귀한 인품이 아니라면 성사될 수 있었겠습니까.
　자애롭고 존경받는 선생님으로서 이보다 더 반석 위에 오르실 수는 없을 것처럼 느껴집니다.
　그 어떤 결말보다 뜻깊고 아름다운 결실이 여기 책 한 권 속에 고스란히 담겨 있습니다.

서초수필문학회 자리가 웬지 선생님께서 앉으실 만큼 귀한 자리가 못 될까 염려스럽습니다.

　다소 협소하거나 초라해 보일지 모르나 성심껏 모시고 싶은 마음은 하늘 같사오니, 화요일마다 오실 때에는 뭉게뭉게 피어오르는 구름 같은 꿈을 안고 사뿐하게 들어오십시오.

　문학으로 강처럼 푸르고 유연한 수필을 앞으로도 해야 할 일이 많습니다.

　선생님의 글이 고운 솜씨와 지성으로 엮어질 선생님의 글을 기다리는 많은 제자와 친지, 자녀, 문우들이 곁에 있으니까요.

　선생님, 우리의 만남이 더 깊어지기를 빌며 건강하세요.

2007. 05. 21.

김희수 드림

존경하는 이영자 은사님, 제자 박준상입니다

무더운 여름 잘 지나셨는지요. 늘 건강하시기를 바랍니다. 그리고 좋은 작품도 작곡하시기를 바랍니다.

저에게는 이번 여름이 가장 더운 여름 같았습니다. 세 들어있는 집이 작은데다 벽이 얇아 찜통 같습니다. 그래도 작곡하느라 버티며 곡을 쓰고 있습니다. 10월까지 끝내야 합니다.

협주곡을 쓰고 있습니다.

그사이 두 번 영덕 근처에 있는 하저라는 해수욕장에 당일치기로 갔다 왔습니다. 조그마한 해수욕장인데, 안 알려진 곳입니다.

다행히 제가 사는 집 근처에 조그마한 내가 흐릅니다. 물이 아주 깨끗합니다. 고기도 있는데, 철새 오리들이 와서 작은 고기들을 잡아먹으려고 날아옵니다. 저의 유일한 산보 길 입니다.

처음 보는 무늬의 들오리들입니다. Wien에 살 때는 시골 계곡에 가면 송어들이 빠르게 움직이는 것을 볼 수 있습니다. 계곡으로 내려가면 송어 떼가 빨리 후루룩하면서 떼 지어 가는 것을 볼 수 있습니다. 아마도 Schubert가 이 장면을 보고 가곡 송어 〈Forelle〉의 반주를 붙이지 않았나 생각했습니다. 오스트리아 계곡에 있는 강에는 송어들이 유유히 노는 것을 볼 수 있습니다. 그리고 송어 요리 음식점도 있습니다. 제가 민속학을 전공할 때, 현장답사로 가보아서 압니다(민속학과는 주로 현장답사연구Fieldforschung를 다닙니다). 민속학을 공부하면서(석사) 오스트리아 여러 곳과 헝가리 그리고 옛 유고슬라비아 등으로 현장 답사를 다녀봤습니다. 빈대학에서 가는데, 모든 경비는 대학에서 모두 부담합니다. 점심에는 좋고 넓은 식당에서 식사하기도 하고 현장에서 준비한 것을 먹기도 했습니다.(약 20명정도가 현장답사를 다닙니다. 필수과목) 유럽의 음식점에는 굴라쉬Gulasch라는 Soup스프가 있는데, 헝가리가 원조입니다. Wien 등 서유럽 일반음식점에서 먹을 수 있는 것과 맛이 다릅니다. 한국의 소고기 국과 비슷한데 아주 맛이 좋습니다.

존경하는 은사님,

감사합니다. 늘 건강하세요.

2023년 9월 7일
제자 박준상 올림

사랑하고 존경하는 아빠♥엄마!

한 해가 거듭나고 어느새 2004년 "어버이날"이 되었네요. 언제나 부모님께 감사하는 마음으로 산다고는 하는데 각자 자기 생활에 찌들다 보니 마음만큼 그 감사의 표시를 제대로 하지 못하고 사는 것 같아 늘 죄송스럽네요…

이번 해에는 우리 June이 '한 씨' 가문에서는 처음으로 받는 박사학위 수여식에 가시게 되셔서 정말 기쁩니다. New York에서 알차고 Stress 확~ 풀리는 여유로운 시간 많이 가지세요. 언제나 저희 곁에서 '든든한 Support'이 돼 주시는 아빠, 엄마께 항상 감사하는 마음 가지고 삽니다.

건강하시고 오래~ 오래 저희 곁에 있어 주세요.

사랑합니다. 존경합니다!

2004. 05. 08.
큰딸 난이 올림

감사

감사

Thank you for your Love and support!

On vous remercie infiniment pour
votre présence après de nous.
Chers papa + Maman!

감사

하늘은 주님 영광 나타내고

　너무 오랫동안 찾아 헤맸었습니다. 작년부터 Paris에 계신다는 소식 듣고 대사관을 통해 알게 된 주소로 편지를 드렸는데도 소식이 없고⋯ 전화를 수십 번 해도 통화가 되지를 않고⋯.
　《엄마 찾아 삼만리》의 만화 주인공처럼 말이에요. 체념⋯ 이젠 오해를 할 차례가 된 셈이지요. 이 세상 모든 것이나 나의 마음이 수없이 변해도 영원히 변치 않을 분은 오직 하느님뿐이시다! 그러기에 하느님께만 희망을 두고 나의 전 생애를 바치며 살고 있는 것이 아닌가?
　그래도 못 내 아쉬워하며 '회상' 그 속에서 현실보다도 더 아름답고 人間美 넘치는 선생님의 모습을 뵙곤 할 즈음에⋯ 책상 앞에 놓인 낯익은 필체의 편지를 보는 순간 제 감정에 대해선 표현하지 않아도 짐작하시겠지요?
　단숨에, 멋진 그림 카드 뒤에 써 주신 편지를 읽노라니 마치 만나서 이야기하며 바라보고 있는 듯한 착각을 할 정도로 현장감 있고 속이 시원해서 위에 궁상스러운 생각이 싹 가셔버렸답니다. 이렇게도 바쁘게 生活하고 계시구나 싶으니까 지금, 이 편지는 너무도 굉장한 정성 어린 생각에 오히려 송구스러워졌답니다. 이젠 됐으니까 바쁘신데 공부 열심히 하세요. 답장 같은 것에 신경 쓰시지 마시고요. 그리고 표현을 구태여 하지 않아도 영의 세계. 정신세계에서는 얼마라도 가깝게 만날 수 있으니까요. 지금까지도 그러했듯이….

 저는 선생님 모습이 떠오를 때마다 기도를 드리곤 합니다. 대사님을 위해서도 그리고 난이, 은미, 준영이를 위해서도….

 다른 학문도 마찬가지이겠지만 특히 예술의 세계 깊숙이에 파고 들어가면 영의 세계(曰 하느님)와 만나는 것 같아요. 음악을 감상하다 보면 어느새 영의 세계에 와 있음을 느끼거든요. 특히 성가를 부르게 될 땐 더욱 그렇고요.

 11月 2日(水) 서울음악제에 다녀왔습니다. 준영이 하프 연주 때 갔던 장소였나 봐요. 들어가고 나올 때 환하게 맞아주시던 선생님 자리가 텅 비어 있어서 유난스럽게 춥게 느껴졌어요. 하지만 가장 좋은 자리를 잡고 앉아서 어느 때보다 소중하게 시간을 기다렸습니다. 이만방 교수님의《2중 현악 4중주곡》이 끝나자 어디서 사람들이 몰려들었는지 비어 있던 자리를 꽉 메워 앉았어요. 저도 설레는 마음으로 옷깃을 여미고 자세를 정중히 하고《피아노를 위한 회상》을 기다리며 팸플릿에 선생님 사진과 손수 쓰신 곡해설을 읽었습니다. 박은희 연주의 Piano 곡이 연주되었어요.

 곡이 연주되기 시작하자 감상을 한 것이 아니라 쉽게 그 음악 속에 잠겨버리고 말았습니다. '회상'이었기에 더욱 오랜만에 너무도 반가운 분을 만난 것처럼 음악을 통해 그 속에 그냥 함께 있는 것 같은 느낌이었습니다.

다른 이들은 몰라도 저는 선생님을 너무도 속속히 느낄 수 있는 아주 친근한, 그러면서도 그 안에 많은 이야기를 들을 수 있는 다양한 곡이었습니다. 그런데 한가지 불만이 있었습니다. 너무도 짧은 것이 그것입니다. 무한히 머무르고 싶은데 빨리 깨워서 차가운 현실이란 창밖에 세워놓은 거예요. 그 시간 내내 선생님 작품을 감상할 수 있는 音樂會였다면 얼마나 좋을까? 하는 아쉬움을 안고 돌아왔습니다. 하지만 감사합니다. 짧지만 그것으로 만족합니다. 그 안에서 선생님을 느꼈고 말씀을 들었고 그것을 오래 간직할 수 있기 때문입니다.

선생님 저도 작년과 88년 올해는 유난스레 바쁜 해였습니다.
저희 수도會가 프랑스에서 한국에 심긴 지 100주년이 되는 해입니다. 행사라면 가장 바쁠 수밖에 없는 것이 저의 직책이니까요. 기도로 이루어지는 모든 전례도 거의 노래로 연결이 되고, 미사에도 노래. 여흥을 해도 노래. 그 外 예능에 관한 것은 다 관계해야 했고 또 저는 수녀원에 입회한 수련생. 청원자를 직접 맡고 있으니까 젊은이들이 중심이 되어서 뛰어야 하는 일엔 전 함께 뛰게 되어 있습니다. 3日간의 행사뿐 아니라 그 이전 해부터 《찬미의 기도》라는 이름을 붙인 성가 책을 편집하고 펴내는 작업에 얽힌 것은 말로 표현하기가 힘이 들 정도이죠. 그것은 식자 하나하나를 저희 수련자들 손으로 직접 해서… 멋모르고 할 일이었습니다.
저희 수도會가 프랑스에서 시작되었고 모원이고 보니 거의 불어를 번역하고 맞지 않는 글자 수를 만들어 곡 살려 뜯어 붙이는 작업을 거의 1,000곡을 하다 보니 고만 늙어버린 것 같습니다. 그 책엔 선생님 도움으로 만들어진 미사곡과 수도회 회가도 실려져 있습니다. 이번 100주년에도 100주년 가를 작곡하라고 했지만, 선생님도 안 계시는데 제가 쓸 실력이 되나요? 거절해서 아쉬운 100주년 행사였습니다. 저희 수녀회 잡지를 보내드리면 조금은 실감나실 것 같아서 보내드립니다.

성가책은 너무 무거워서 한국에 계시게 될 때 드려야겠습니다.

선생님께서 파리에 계시는 동안에 고국은 그야말로 파란만장했다고나 할까요? 커다란 사건이 너무도 많았고 지금은 역시 '청문회'의 물결은 전국을 들썩이고 있습니다. 명동이 거처인 저희는 최루탄 가스에 중독이 되어서 이젠 면역이 생긴 것 같습니다. 지금도 문밖을 나서기만 하면 정장을 한 군인들이 요소에 버티고 서 있고… 왜 이래야만 하나? … 마음이 슬퍼지기도 합니다.

사람 '人' 자가 표현해 주듯이 사람은 더불어 함께 돕고 사랑하며 평화롭게 살도록 창조되었는데, 의와 불의의 뚜렷한 선마저 가리지 않고 자기의 욕망만을 채우려 딛고 일어서면, 이 세상의 조화는 깨어지게 마련이고, 자신도 모르는 사이에 힘없고 선량한 많은 人間을 딛고 서 있음을 발견하게 되는 것 같습니다. 아무리 세상이 험하더라도 모든 이들이 옳은 것에 '예' 할 수 있고 그른 것에 '아니오' 할 수 있는 용기를 가지고 그렇게 실천하며 살 수만 있다면 이 세상은 하느님께서 축복하신 낙원일 수가 있을 텐데… 하는 아쉬움을 안고 자신부터 노력하면서 기도드리고 있습니다. 요즘도 좀 정신없이 바쁜 일이 겹쳐서 며칠에 걸쳐 쓰다 보니 그야말로 쓰레기 연습장이 되었습니다. 실례인 줄 알면서도 이해해 주시리라 믿고 그냥 보내드립니다. 하느님의 축복이 가정에 함께 하소서.

1988년 11월 제자 연제련 수녀

하느님은 사랑이십니다

존경하올 선생님. 하느님은 졸지도 잠들지도 않으시고 변하시지도 않으시고 늘 세상을 돌게 하시고 人間을 사랑하십니다.

여일하신 하느님, 자상하신 어머니 같으신 하느님. 뒤돌아서서 걸어온 길을 돌아보면 감회가 깊습니다. 굽이굽이 걸어온 길이 내가 스스로 걸어온 줄 알았는데 모두가 그분의 사랑의 힘에 의해 살아져 왔음을…

하느님께서 제 삶의 이유였습니다.

높은 산 정상에서 안개에 덮인 산길을 바라보듯 경이롭고 신비롭습니다.

올리비에 메시앙이 되도록 하느님과 가깝게 산 높이에 올라가서 새 소리를 통해 하느님의 소리를 오선 위에 담으려 했던 것처럼….

높은 산에 오르면 세상은 아득하고 황홀경에 빠져 신비로운 하느님의 모습을 뵐 수 있을 것 같습니다.

어제 8月 6日은 '그리스도의 변모' 축일이었지요.

예수님께서 특별히 3명의 제자를 따로 데리시고 타볼산(=높은 산)에 올라가셨는데 갑자기 예수님의 모습이 눈부시게 빛나고 하느님과 엘리아와 함께 이야기하는 모습을 보며 놀란 베드로 사도가 엉겁결에 하는 말 "주님, 초막 셋을 지을까요?" 무슨 말을 하는지 모르고 한 말이었다고 했습니다.

이 세 제자는 앞으로 그리스도의 수난에 초대될 제자였지요. 성서를 쭉 읽으면서 예수님의 참교육 방법을 봅니다. 진정한 사랑의 헌신적인 살아있는 교육 말입니다.

저희 집 3층 경당(기도실)에서 조용한 시간에 성체 앞에 앉으면 마음이 평화롭습니다. 모든 걸 내려놓고 흐름에 자신을 맡기며 이끄시는 그분의 사랑의 손길을 느끼며 그 안에 잠겨있는 시간이 좋습니다.

시냇물에 갑자기 살아 움직이는 신성한 폭포수가 쏟아진 것 같은 느낌입니다. 선생님의 편지가.

25시를 살고 계신 선생님의 그 열정, 끈기, 인내, 누가 따를 수 있을까요?

꽃잔디와 풀과 민들레 전혀 어울리지 않는 서로 다른 풀꽃들이 함께 붙어 있는 것처럼 우리 공동체와 세상도 서로 다르면서도 그래도 함께 붙어, 맞추면서 살아가는 '人間生活' 그 불협화음을 선생님은 콩나물을 통해 아름다운 音樂을 만드시고 저는 삶을 만듭니다.

집 앞 정원을 가꾸며 야생화, 분꽃, 봉숭아, 백일홍, 금송화를 심고 책갈피에 눌러놓은 꽃잎을 붙여 보았습니다. 선생님 저는 숙제를 아직 못하고 있어요. 우리 선생님 첫 고백 말이에요. 이렇게 바쁘신데 어떡하죠? 언제 뵐 수 있을까요? 너무 늦기 전에요.

전화 드릴게요, 감사합니다. 대사님도 건강하시지요.

하느님의 사랑과 평화가 선생님 가정에 가득하시길 두 손 모음.

St. Theresa Yean(연제련) 드림 2003. 8. 7. 木

이교수님께

 즉시 소식 올리려든 것이 이렇게 늦었습니다. 지난 3일 공동 전시회(꽃 전시회)를 끝으로 수업은 끝났지만 실기에 자신 있다는 교만(?)한 마음으로 시작했다가 어찌나 힘이 들었던 지 내년에 계속할 마음이 없어지려고 합니다.

 그동안 안녕하셨어요?
 꿈속 같았던 그날 밤의 기억이 아련히 남아있습니다. 그 휘황한 빛줄기의 밤 풍경, 크고 투명한 유리 접시의 아이스크림, 무엇보다도 시공時空을 뛰어넘어 " 그 한분"을 사랑한다는 이유로 유쾌하게 이어졌던 이야기들. 그 보다도 저를 더욱 놀라게 했던 것은 그 다음 날 우리 지휘자에게 간밤에 이교수님과 함께 시간을 가졌다고 했더니 놀래면서 그 분 얼마나 유명한 분인지 아느냐고 해서 모르고 뵈었기에 편안히 이야기할 수 있었던 것을 감사했습니다. 지금도 이교수님 말씀하시던 대목 대목을 떠올리며 저 혼자 가만히 웃어 봅니다.

정아는 많이 회복되었는지요? 어렸을 적 정아는 눈이 크고 눈이 검었어요. 목소리는 좀 굵은 편이었지요. 김남조 선생님의 딸이라는 이유 하나 만으로도 부러움의 대상이었는데… 속히 회복되기를 기원해봅니다. 그래서 김선생님 따님에 대한 염려 없어지기를 바랄 뿐입니다.

이교수님 Sydney 언제 오실런지요?
지금 이 곳은 덥기 시작했습니다. Santa가 반바지 입고 수상 스키 타고 온다니까요.
저는 8일쯤에 미국에 한달 간 다녀올까 합니다. 제 딸 수미에게 선생님께서 말씀하시던 Hyo-shin Na의 남편 되는 Thomas 아느냐고 하니까 안다고 해요. 이교수님 SanFrancisco에 가시면 전화 한 번 해 주세요.(수미에게요)

선생님! 새해에도 건강하세요. 기쁜 일 많이 있으시기를 기도해요. 또 꿈속처럼 어느 한 날 선생님 뵙기를 원해요.

안녕히 계세요
2003년 12월 5일
조경자 올림

사랑하는 아빠, 엄마께
-Evanston, March 29, 1993

저는 무사히 Chicago에 잘 도착했어요. 비행기는 제대로 오전 11시 45분에 떠서 일본에 거의 2시경에 도착했지요. 1시에 기내에서 beef 요리를 점심으로 먹고 Narita 비행장에서는 1시간도 체 안 기다리고 boarding 했어요.

화장실에서 group members 중 미국 여자애들 2 만나고 boarding 할 때는 나머지 7~8명을 만나 같이 Chicago에 왔지요. 오후 4시에 비행기가 떠서 5시에는 또 저녁 식사가 나오고 8시 30분에 영화 보고 있는데 sandwich 주고 땅콩도 세 봉지를 다 먹었어요. 욕구불만인지요. 서울 시각으로 새벽 2시쯤 뜨거운 아침 식사가 나와 저는 pancake으로 먹고 1시간 후에 landing 했어요. 택시는 세 명이 나누어 타고 $9 냈고, 애들은 제가 빈손으로 서울 가서 trunk 2개 갖고 오는 것 보고 무지 놀라던데요. 그 걸치고 간 한국 초록색 foulard가 이쁘다고 여자들은 안 그러고 남자애들 2명이 remarquer 하더군요. 그중 한 명은 제가 중국 or Hongkong에서 산 줄 알고 자기는 못 봤다고 jaloux 할 뻔했대요.

기숙사 오니 Merrill Lynch는 22일(1주일 전부터) 연락 바란다고 message가 7~8번 있고 제가 원하는 Sara Lee는 4월 10日 경에 결과 안다고 해서 timing이 안 맞는 이유로 risk 없이 Merrill Lynch를 하려고 해요. 또 면담 보자고 Coca Cola사에서 연락이 왔는데 1차 면담은 이제 지긋지긋… Ford에서는 reconfirm 전화가 와서 갈 거라고 (수요일)에 해 놨는데 내일 cancel 해야 할까 봐요. 온종일 걸리는 interview이거든요. 비행장에 마중 나와 준다는데. Wharton MBA 나온 여자예요.

할 일은 너무 많은데 손에 일이 안 잡히네요. 가방은 다 풀어 음식물은 제 방 서랍 두 개에 채우고 냉장고에도 넣어놓았지요. 세관에서는 짐도 안 열고 그냥 pass 했어요. 김밥은 집에 와서 먹고요. 꿀맛이더군요. 뱅어포와 김장김치와 먹었어요.

내일은 오전 9시부터 쉬지 않고 오후 3시까지 수업이고, 교과서도 내일 사야 해요. 성적표는 받았는데 역시 지난 학기는 일 찾는 것 때문에 공부를 안 해서 성적이 안 좋아요. China 수업 A로 count 하고 3.5밖에 안 돼요. 매우 어렵다는 advanced Finance는 A 받고, 나머지 마케팅은 시험 전 project가 A이었는데, B로 떨어졌어요. 이번 학기에는 정말 잘해야지요. 너무 실망하지 마세요, 이번에는 4.0을 꼭 목표로 달성해볼게요. 그리고 살도 좀 빼면서 말이에요. Chicago에 오니 서울과 날씨가 똑같은데 오래가지 않아 또 추워질지 모른대요. 그 한국 여자 친구 애도 voyage 갔다가 오니 Coppertone 선텐 제품 만드는 회사에서 2차 면담 보자고 연락이 와서 이번 주 금요일에 New Jersey에 간대요. 걔는 증권회사에서 research analyst(대학교 졸 position) 2년 반 하고 화장품 마케팅하는 게 꿈이거든요.

　참, 김포공항에서 어떤 아저씨가 인사를 하기에 대사관 아저씬가 했더니 Hankook 화장품 직원이었어요. 또 Grace Han 봤다고 가서 그러겠지요. 그럼 이만 줄이겠어요. 몸 건강히 계시고 그 oatmeal과 chocolate 드세요. oatmeal은 한 개 부으시고 Mug 컵 3/4 물 부으시고 뚜껑 1~2분 덮어두시면 맛있게 돼요.

Grace 올림

Très chère Madame Ham.   78.1.?

어름은 降雪과 뒤이어 나올까봐! 오늘은 Noël 입니다. 밤밖은 White Christmas 가 되었습니다.
속화한테 諒解도 제대로 못 부탁해 드렸지만 등신이니. 허리—성히 못 통해서, 갈 탓이 가 게실줄 압니다.
우리은 나라 서울쯤 오 얀 녀히 햇보러요. 敎科科程이 바꾸어져고, 準備 등으로 퍽 가 보기고. 발能有 유조쯤 에게 해서 제해 왔더라나요. 우리들은 처음 써보는 감독에게 뭐이 한 히 등안 꼬겨다니면서 보냅니다. 來하 그月에 돌아 오실 수 없는 나오를 보이십니다고 / 参해 들었습니다. 大韓芳화합니다. (僕은 내가 살것같으리라. —출발하려서고 햇중에 가셨다가. 9月中旬 에 다시 돌아오시고, 金陽꽃오 꼭 조하나서 親戚 周邊해서. 11月 中旬 에 대나시떼는 그동안에 韓國大使 는 좋은 poste 를 찾지 않을가 생각하는데요. 春葉오 모는 사버혀라는 影響 이 매우 높이 剩場입니다. 그나때 속화에 성희하고 우리들이 그꽃 좀 해주에서 東亞에 텀거리하는것이 옥돌로 최각합니다. 그러서 春歎에서는 좋아하고. 漢영을 많이 받아 주어요. 아기들을 美国 에 보내셨다는 말은 들립니다? 뭇독정선생 一流 에 依하면. 러 분 이 길 이 이끌반짐 않습니다. 이재화鴻에 이 좀 맛을 갈김하니 자주 僧오드려요. 후후 오久동 健康하시 즐거리 있고. 뭇독쫌 앓홀리고 있는 Mene 을 想 悠해 봅니다
Joyeux Noël et Nouvele année

제7부 사랑 가득, 그 아름다운 이야기-받은 편지

偉大하신 李英子教授님,
九十年이란 결코 짧은 歲月입니다.
그間, 그렇게도 바쁘신 밤∘낮 속에
베푸시는 德을 많이 쌓고 主님이 주신
特殊한 才能으로 萬人에게 기쁨으로
追憶을 안겨 줘 幸福한 時間을 만들어
주셨으니 얼마나 大端하신 運命의 主
人公입니까…….
모두가 부러워하는 羨望의 대상이 아닙니까.
後悔없는 삶, 周圍의 한 人間으로서
부러워하며 尊敬하고 있읍니다.
이번 音樂會는 特別히 感懷가
깊으시리라 여겨집니다.

본 품의 感情을 다 表出 하신 究表가 아니신지요? 언제나 나는 電話 속에 無窮無盡한 경험과 재미있기도하고 놀랍기도 한 話題에 내가 거기에 동했다면 머리가 돌아 挫折했을지도 모른다 생각했습니다. 그리고 主님께서는 감당할수 있는 荷物에 주시는 것도 알았습니다(깨달았습니다)

어쨌거나 이제, 다 지나가는 人生, 앞으로는 조금 한가하시고 不可思議한 健康과 生活習慣 여유로이 繼續하시기 祈禱 드리겠습니다.

내내 主님의 크~은 恩寵이 함께 하실겁니다.

2019. 11. 21
정국화 올림.

TO. 사랑하는 할머니. 할아버지께 ♥

잘지내세요? 저 보면이예요. 정말 보고싶어요. 아아 저희 12월달에 한국에 갈것같아요. 요즘 스트레스를 많이 받아서 인지 살이 많이 쪘는데 엄마까지 운전후로 1kg 빠졌어요. ^^ 요즘 저희는 Subic Montessori School 에 다니고 있어요. 오국친구들, 한국친구들 많이 사겼어요. 저희가 반에서 한국애들 중에서 공부가장 잘해요.. 이제 더 열심히 공부해서 오국 애들보다도 잘해야죠! 할머니, 할아버지 건강하시고, 항상 즐거운 일만 가득하셨으면 좋겠네요. 저희도 열심히 공부해서 엄마처럼 영어 유창하게 하도록 노력할게요. 꼭 지켜봐주세요. 건강은 괜찮으시나요? 할머니께서 보내주신 반찬은 정말 맛있게 잘먹고 있어요. 학교갈때 도시락 반찬으로 잘가져가요. 저희 잘 싸우지도 않아요. 그러니 걱정마세요. 그리고 엄마 한국가셔도 저희 열심히 할 자신 있으니까 걱정마세요. ^^ 저희가 할머니, 할아버지 결혼기념일 선물과 「Happy Grandparents day ♥」 선물 준비했어요. 「Happy Grandparents day」가 9월 10일 인데 선물에 "Lola" 와 "Lolo" 라고 써여있어요. "Lola" 는 Grandmother, "Lolo" 는 Grandfather 예요. ^^* 할머니, 할아버지 항상건강하시고, 오래오래 사시고 보내요~ 사랑해요 ♥ 2006. 8. 21 월 -in Subic-
                                                                                              ★보면 올림★

To: 사랑하는 할아버지, 할머니께.

안녕하세요. 저 수연이예요. 잘 지내세요? 정말 보고 싶어요. 빨리 한국에도 가고 싶고, 오죽하면 한국에 있는 목욕탕가서 때 밀고 싶어요. ㅉㅉ 저희는 12월달에 갈거예요. 그때가 방학이거든요. 저희가 준비한 선물들은 마음에 드실지 모르겠네요. 저희가 예쁜것 같아서 고른 것이거든요… 이제 곧 더~ 있다보면 9월 10일에 Grandparents day 도 오고요, 게다가 곧 할머니, 할아버지의 결혼기념일이라서요.. 준비했어요. 저희 여기서 공부 열심히 해서 한국 빨리 돌아갈테니까요… 그때까지 건강하시고요. 저희 항상 믿어주세요… 응원도 부탁드려요. ㅉㅉ 정말 할아버지, 할머니 모두 보고 싶어요 ♥. 너무 저희 걱정 마시고요. 항상 감기 조심 하시면서 건강하세요. 그리고 언제나 오래오래 행복하시고, 오래 사시길 빌어요. 할머니, 할아버지… 제가 언제나 사랑하는 것 아시죠? 사랑해요. ♥ in subic …

2006. 8. 21. 월요일
수연올림 ㅉㅉ

이영자와 나효신 음악의 밤에

많은 사람은 선생님의 빼어난 미모와 걸출한 학력, 재기발랄한 재주와 좌중을 사로잡는 재담, 어느 남성도 따라갈 수 없는 통 큰 등에 관해 얘기들을 합니다. 더 나아가 선생님의 퇴색되지 않은 순수한 서정에 관해 얘기할라치면, 해 거름 녘, 붉게 물든 저녁놀, 다소곳이 머리 숙인 댕기 머리 처녀, 수줍음에 겨워 지는 해 차마 보지 못해 울음 머금은, 들 가에 핀 야생화…, 아니 산 그늘에 놀라 날갯짓하는 산새 같은 가슴을 가진 분이라고 말들을 합니다.

1965년 가을이라고 기억합니다만 제가 선생님을 처음 뵙게 된 것은 가을 햇살이 따사롭게 비치는 날 연세대학교 음악대학으로 사용하던 대강당 옆에 4학년 누님 같은 선생님께서 여러 선배님과 얘기를 나누고 계셨습니다. 귀티가 나지만 그렇게 까탈스럽게 보이지 않은 무엇인가 범상찮은 분위기를 품어내지만 조금은 부드러워 보이는 도회지 여자 같지 않은 아름다운, 구김살이 없어 보이는 여자 선생님 한 분을 먼발치에서 보았습니다. 그리고 다음 주 첫 레슨 시간에 선생님을 뵙고는 큰 충격에 빠지고 말았습니다.

저는 당시 온갖 잡다한 소리의 집합체에 깊게 빠져있을 때였고 왕성한 식욕 때문에 바흐에서 존 케이지와 스톡하우젠에까지 음악이라는 메뉴는 모두 다 제 뱃속에 처박아 넣고 있었을 때였습니다. 당시에는 제가 소화불량과 급체에 걸려 있다는 사실도 몰랐고, 모든 소리는 모두 다 내 것인 양 자가당착에 빠져있을 때였기 때문에 이영자 선생님께서 나에게 "야 이 촌놈아 왜 이렇게 소리가 많냐?"라고 질문을 할 때 "이 여자가 나한테 무슨 소리를 하는 거야?"라고 속으로 반문하였고 곧 이어서 열렬히 내가 얼마나 곡을 열심히 그리고 초 현대기법으로 잘 써왔는지 설명하고 있었습니다. 장시간 장황한 제 설명을 듣고 난 선생께서는 "촌놈들은 다 그래, 그것이 얼마나 촌스러운 것인지도 모르고 마구 얘기를 하고는 하지!" 하지만 그것이 자신의 정서가 있다는 얘기도 되니까 그냥 그렇게 혼자서 계속하라고 하셨다. 당시 나 혼자서 열심히 독파하고 있었던 퍼시게티의 화성학책에서 실습하고 있었든 연습 문제들에 관해선 '지나간 시대적인 산물들에 관해 너무 연연하지 말라'라는 말씀만 하시고는 일절 언급이 없었다. 이후 레슨 시간은 언제나 제 얘기만 들으시고 그냥 자유롭게 두셨다. 한 번도 나의 작품에 가필하시는 것을 본 일이 없다. 선생님께 정말로 감사를 드립니다.

대학에서 후학을 지도한 지 벌써 30년 이상의 시간을 보내고 있지만 나 자신 후학들의 작품에 가필하여 본 일이 아직 한 번도 없습니다. 그저 그네들의 생각의 편린을 지켜보며 새로운 음악의 세계를 접할 뿐입니다.

도가에서 도를 닦기 위한 법, 재, 지, 려의 네 가지 조건 중 법은 스승을 잘 만나는 것을 제일 중요한 것으로 취급한다. 경전에 없는 것, 말로만 전수할 수밖에 없는 스승과 만남을 통해서만 전수가 가능해지므로 스승의 의발을 전수받은 자만이 비법을 전수받을 수 있다. 려는 도반을 지칭하는 것으로 함께 수련을 쌓아나가는 학우를 가리키는 말이다. 내가 보기에는 이영자 선생님과 인연을 맺은 학생들은 스승 복을 타고났다고 보아도 될 것이다. 그뿐만 아니라 도반의 복도 타고날 수밖에 없다. 왜냐하면, 이영자 스스로 도반을 찾아 후학들에게 언제나 접근을 하시기 때문이다.

1970년대 초 군대 복무 시 전방의 철 지난 신문 기사에서 서울음악제 작품 응모 당선자 명단에서 이영자라는 이름을 발견하고는 심히 부끄러웠으며 또한 신선한 충격을 받았다. 이후 2회 더 신문 지상을 통해 이영자란 이름을 서울음악제 응모자 당선자 명단에서 발견케 된다. 이영자가 추천작가가 되지 않는다면 한국의 누가 추천 작곡가가 될 수 있다는 말인지? 우선 궁금하였고, 오랜 외국 체제에서 일시 귀국한 입장의 선생께서는 당당히 작품을 출품하여 젊은이들과 호흡을 함께 하려는 의지를 보여 준 것이기 때문에 선생님의 성함을 신문 지상에서 발견케 된 것이 나에게 신선한 충격으로 다가왔었다. 이와 같은 일련의 사건들을 보면 선생님께서는 몸소 실천함으로 후학들이 보고 따르게 하시되 스스로 자신의 성품에 맡게 두셨다. 언제나 그렇게 자연히 되게끔 두고 보셨다. 단지 먼 발치에서 보시며 안타까워하시거나 가슴 아파하시곤 했다.

여성이든 남성이든 우리나라 작곡가들이 언제나 화제에 올리는 인물이 이영자인 것은 그만큼 선생의 자리가 크다는 것을 말함이리라! 선생님과 관련된 일련의 일화들은 접어두기로 하고 단지 선생님에 관해 제가 보아왔던 초절한 향기와 같은 것 한 가지만 얘기하고자 합니다.

사람이 어떻게 살았느냐는 매우 중요합니다. 그 사람의 풍요로운 삶의 향기가 풍기게 될 때 우리는 그를 그리워하며 각자의 마음에 품어두게 됩니다. 저는 선생님을 보면서 언제나 변치 않는 하나의 삶의 태도와 자세 및 궤적을 봅니다. 그것은 지조입니다. 때로는 선생님의 말씀에서 또는 행동에서 우리와 다르지 않은 것들을 발견하기도 합니다. 그러면서 저 자신 위안을 찾기도 합니다만 저희와는 틀리는 것 한가지가 있다면 주지 일관 지조를 지키신다는 것입니다. 지조가 밥 먹여 줍니까마는 그래도 우리 인간을 사람이게 하는 여러 가지 조건 중 하나가 지조를 지킬 수 있는 의지가 있기 때문이며 그러한 연유로 주지 일관 지조를 지키기란 매우 어렵습니다. 그렇기에 지조 있는 인간을 경이롭게 대하게 됩니다. 조지훈 선생께서 말씀하신 것처럼 '지고란 것은 순일한 정신을 지키기 위한 불타는 신념이요 눈물겨운 정성이며 냉철한 학집이요 고귀한 투쟁이기까지 하다. … 지조는 선비의 것이요 교양인의 것이다…. 식견은 기술자와 장사꾼에게도 있을 수 있지 않은가 말이다'라고 하셨으며, 남원 사람인 매천 황현(1855~1910)은 '가을 등불 아래에서 책을 덮고 지나간 천년 세월을 회상하니 인간으로서 식자 노릇 하기가 정말 어렵구나'라는 말로 인간이 사람 노릇 하기가 얼마나 어려운가를 피력하였습니다. 매천은 조선이 망하는 것을 보고 조선의 선비로서 비록 왕실의 록을 받았거나 나라가 망하는 것에 직접 관여한 바는 없으나 그래도 5백 년 사직과 반만년의 역사를 지닌 나라가 망하는 때에도 선비로서 이를 부끄러워하며 죄스럽게 생각하지 않는다면 선조를 어떻게 뵈올 것인가 하며 스스로 자진하였습니다. 지조란 남에게 알리거나 보여주기 위함이 아니요, 자산과의 약속을 지키기 위한 내면적인 무언의 순결인 것이기 때문입니다.

식자 노릇 하기가 쉽지 않고 인간으로서 한평생 지조를 지키면서 산다는 것이 얼마나 고귀한 삶인지를 다시금 실감케 합니다. 전 이영자 선생님께서 명예나 부귀를 위해 또는 그 어떠한 개인적 영달을 위해 지조를 버리신 것을 보지 못했습니다. 우리나라 옛말에 '정승 셋보다 대제학 한 명이 더 귀하고 대제학 셋보다 처사 한 명이 더 귀하다'라는 말을 떠올리게 됩니다.

우직하게 주변의 후학들에게 언제나 메아리치지 않는 짝사랑을 보내는 우리의 선생님 이영자 선생님! 우스갯소리로 영자의 전성시대는 아직도 지나지 않았습니다. 왜냐고요? 누구도 선생님의 의발을 전수할 제자를 찾아 오늘도 이렇게 철없는 제자와 노래를 하시고 있기 때문입니다. 선생님께 애정을 보내며 철없는 제자가 재롱을 부려봅니다.

To MAm(Sir) with Love…!
- manbang -

♡
2005년 6월 27일 서울에서 만방이가…

학생이 선생님을 찾아 헤매기도 하지만, 실은 선생이 학생을 찾아 헤매는 세월이 훨씬 더 길고 고난에 찬 영겁의 세월입니다. 찾아 헤매는 시간보다는 기다림의 시간이 더 깊은 수련과 인내를 요하며 사람의 애간장을 녹이는 것이기 때문입니다. 제자는 선생의 외면만 보지 내면 인고의 시간과 고난의 삶을 관조할 여유가 없습니다. 의발이 전수할 제자를 찾기란 평생의 직업이 됩니다. 의발이 전수되는 날 도는 이루어지며 또 다른 세계를 향한 발돋움이 시작됩니다. 선생님의 고난의 시간이 언제나 끝날는지요. 아마도 선생님의 오래가 다 하는 날 그날에 어느 누군가 선생님의 의발을 전수받게 되리라 봅니다.

제8부
축사

한국여성작곡가회 창립 40주년 회고에 부쳐

몹시 춥던 1981년 정월 어느 날, 신신백화점 지하 식당에서 성악가 김부열 선생의 부름으로 이영자, 오숙자, 허방자 네 사람이 모였습니다.

김부열 선생이 '이제는 한국 여성 작곡가들도 단체를 만들어 넓게 해외까지 비약하면 좋지 않겠냐'라는 제안을 하였고 모두 의기투합하여 그해 5월 이영자, 홍성희, 오숙자, 서경선, 허방자 그리고 이찬해 등 6인이 주축이 되어 이화여자대학교에서 한국여성작곡가회가 탄생되었습니다. 같은 해 12월 창립 멤버 6인의 제1회 발표회를 시작으로 올해 73번째 정기연주회가 열립니다.

바람 타고 세월이 흘러 40년이 되었고 발기인들은 모두 노년의 나이가 되었습니다. 그동안 여러 회장님과 임원진 여러분들의 헌신적인 노력으로 회원들 모두 소신껏 알차게 국내외 무대를 향해 열심히 뛰었고 이제는 반석 위에 우뚝 서 세계로 자리매김을 할 수 있게 된 것에 감사할 따름입니다.

한국여성작곡가회의 씨앗을 주신 김부열 선생께서는 창립 20주년 기념을 맞이하여 감사의 자리를 마련하였습니다.

2020년 뉴욕의 Peter jay Sharp Theater에서 열린 '2020 Focus Music Festival-Trailblazers-Pioneering Women Composers of the 20th Century'에 참가하게 되어 이 행운에 감격하며 하느님께 나의 모든 것을 봉헌드리고 내 뒤를 따라오는 사랑하는 후배들께도 영혼의 소리를 찾아가시길 숙원합니다.

음악을 먹고, 음악을 입고, 음악을 덮고, 그 속에서 분투하십시오! 아름다운 음악으로 지구를 정화합시다.

2021년 시월의 마지막 날에

(사) 한국여성작곡가회 명예회장
대한민국 예술원 회원　이영자

뉴 뮤직 디딤
-음악회 축사

Counterpoint Spiritual이라는 귀한 이름으로 음악회를 가짐이 뜻 깊고 소중하고 고마운 마음입니다. 천년도 더 넘은 그 옛날, 수도원에서 단선율로 시작되어 다 성부 음악이 되고, Bach에 이르러 확고하게 자리한 대위법 음악으로 조성 음악, 무조음악, 다조음악(多調 polyphony)을 지나 12음 음악(Dodecaphony)으로 발전하여 구체음악, 실용음악까지 왔습니다. 오늘날 우리는 자기만의 기법을 찾아 다양하게 가고 있습니다.

-21세기 음악은 어디로 가고 있는가-

정답은 없습니다. 작곡가들의 영원한 고민이며 숙제입니다. 우리들의 창작 음악은 악음(樂音)이든 소음이든 모든 소재로 작곡가의 영적 세계를 담는다는 무궁무진의 자유와 고뇌가 있을 뿐입니다. 독창적이고 정체성 있는 작곡기법 속에 반석처럼 대위법의 철학이 담겨야 합니다.

오늘의 음악회는 대위법이라는 영적인 작업, 세분하면 음대 음(音 對 音), 선율 대 선율, 음향 대 음향으로 대등한 균형의 무게로 음악을 한층 더 깊게 표현해야 하는 쉽지 않은 귀결이 있습니다. 찾아낸 영혼의 소리가 어디에서 와서 어디로 가는가를 끝없는 고뇌로 생각해야 합니다.

이따금 생각합니다. 깊은 사색의 끝은 아름다운 음악을 만들어 이 세상 모든 곳의 영적인 아픔을 치유하는 것입니다. 이 지구상의 모든 것, 사람과 동물과 생물, 한 포기 풀꽃까지 음악을 들으며 삶의 생기를 찾고 행복을 찾고 스스로 정화하는 미학적 목적이 있습니다.

앞으로의 또 다른 천 년이 가도 작곡기법의 반석인 대위법은 영구불멸의 창작 예술 음악 속에 기둥으로 존재하며 인류의 영혼 치유에 공헌될 것입니다.

오늘의 특별하고 소중한 음악회를 뜻을 갖고 시작하신 강순미 교수께 다시 한번 감사하고 격려와 축하를 보냅니다. 앞으로도 지속적으로 이 음악회의 뜻이 넓고 깊게 뿌리내리기 빕니다.

2016년 세모에
대한민국 예술원 회원 이영자

작곡 동인 델로스Delos의 30주년에 사랑을 더하며

1991년 진선미의 뜻을 담고 이화의 음악 교실을 나온 제자들이 순수 창작 음악으로 사회에 공헌하는 뜻으로 모여 이제 서른 돌을 맞았습니다.

팬데믹 코로나 19가 무섭게 지구를 덮치고 우리들 삶에 공포와 슬픔을 퍼부어도 음악으로 삶의 뜻을 풍요롭게 극복하고 정화하려는 열정에 고마움을 담아 축하합니다. 20세기 마지막 10년을 정성 들이고 새천년 21세기의 오늘날에 건전하게 성장했음이 보배롭습니다.

1991년 6인 음악회로 시작하여 10여 년 뒤에 델로스(Delos, Greek로 '마음을 그리다')의 뜻으로 이름하여 오늘에 이르렀습니다.

뒤돌아보면 2004년 캐나다에서의 초청 연주, 2005년 미국 샌프란시스코 Del Sol 현악사중주단과의 연주로 국제적 무대를 넓혔고, 현재 국내외 많은 현대음악 연주단체들과 공동작업하며 활발한 작품발표를 하고 있습니다. 2004년부터 대구 가톨릭 교구 소속의 소년·소녀합창단 Pueri Cantores 노래하는 천사들의 협연으로 창작

합창 음악으로 대구에서, 서울에서 여러 번 음악회 하였고 음반도 출시하였습니다.

해마다 가을에는 아름다운 선율의 창작가곡으로 대중과 융합하는 음악회도 계속하고 있습니다. 돋보이는 기획으로 인사동 갤러리에서 '새로운 그림과 현대음악의 만남'을 시도하여 찬사를 받기도 했습니다.

세상은 세월 따라 변하지만 음악의 참뜻 '마음을 그리다'는 끝없이 새로움을 추구하는 영혼의 노래로, 고뇌를 치유하는 음악으로 이어가길 소망합니다.

이번 음악회를 위해 '앙상블 유니 송 Ensemble Unissons'의 정성 어린 협찬에 깊은 감사, 고마운 인사드립니다.

작곡가들의 소규모의 작품에서 큰 편성 음악의 꿈을 이루게 되어 마음이 트이고 원대한 앞날이 펴진 듯 행복합니다.

30주년 음악회를 준비하신 박유선 회장과 임원들, 첫 디딤돌 되어 노력하였던 6인 음악회 진정숙, 박정희, 조성희, 한혜리, 박재은, 홍사은 님의 노고에 고마움 전하고 오늘날 뿌리 깊은 나무처럼 성장함에 자축, 감사드립니다.

2022년 한국여성작곡가회 명예회장
대한민국 예술원 회원 이영자

2022, 창작음악축제를 축하하며

21세기악회 주최 2022 창작음악축제에 축하의 글을 올리게 되어 감사합니다.

특히, 우리나라 원로 나운영 교수의 탄생 100주년을 기념하여 2회의 세미나, 국제교류 음악회도 함께 역사적 발자취를 각인하는 뜻도 포함되어 고맙고 그 정진하는 모습에 갈채를 보냅니다.

반세기 넘은 그 옛날 스승과 함께 고투했던 암흑한 그 시절의 제자가 스승을 기리는 행운에 감격도 배가 되는 감동입니다. 1951년, 전쟁의 한복판에서 기적 같은 행운으로 만나고 8년이란 긴 세월 악착스레 공부하고 외국에서 돌아온 뒤, 스승의 은혜에 보답도 못 한 채 스승은 고희 지나시고 황급히 승천하셨고 제자인 나는 아흔이 넘은 장수 자리에 서 있음이 송구할 뿐입니다.

동양의 작은 땅을 가진 대한민국이, 한국 전쟁의 참상을 겪으며 강한 국민성과 피나는 노력으로 세계 열 번째의 대단한 나라로 우뚝 섰고 음악, 예술, 과학 여러 분야에서 세계적 존재로 화려하게 이바지하고 있음에 경이로운 찬사로 고개 숙입니다. 목숨 함께 뛰어온 노력의 결과는 찬란한 결실입니다.

회고하면, 1951년 6·25 전쟁의 한복판 부산 피난 시절 선생님을 만나 음악 예술의 길로 매진해 온 세월은 하늘이 주신 확실한 선물이었습니다. 가난과 궁핍의 세월에서 오늘날 세계에서 열 번째가 된 조국의 발전상도 눈부시고 많은 젊은 음악인들이 세계무대에서 빛나는 활동으로 이 험난한 병마와 전쟁으로 고통받는 전 세계의 영혼을 음악 예술로 치유하고 있음에 놀라움과 함께 뜨거운 사랑을 보냅니다.

그 디딤돌 뿌리 되어 주신 앞서가신 스승들의 노고에 엄숙한 존경으로 더욱 깊은 기도 드립니다.

음악은 나 혼자가 아닌 광대한 지구 위의 모든 생명체의 목숨을 치유하는 거대한 영혼 가슴입니다. 한 포기의 들꽃에서 풀벌레까지 음악을 예술로 먹고 덮고 숨 쉬고 있습니다. 하늘 아래 땅 위에 최고의 영혼 치유로 존재합니다. 영원한 진수로 창작 음악 예술이 으뜸가는 치유라는 걸 확신합니다. 그 음악 예술 안에 스승이 있고 내가 있고 뒤따르는 후배들이 있다는 축복에 감사합니다.

우리들 음악이 연륜과 함께 시대의 변천을 따라 발전하고 성숙되어 감에 거듭 감사와 격려, 그리고 하느님의 은총으로 기원합니다.

음악 인생은 진실로 숭고하고 아름다운 영혼으로 시작되고 맺어지는 숭고한 예술의 극치입니다.

오늘 아름다운 2022 국제음악제를 이끌어 오신 21세기악회, 국제 예술 교류에 참가하신 홍콩 작곡가님들께도 깊은 사랑과 감사 드립니다.

대한민국 예술원 회원
이영자